AF238761

Andrea Micus · Günther Hoppe
Jedes Kind kann stark sein

Andrea Micus · Günther Hoppe

Jedes Kind kann stark sein

So führen Sie Ihr Kind in ein
selbstbewusstes und glückliches Leben

Für Eltern von
8- bis 14-jährigen Schulkindern

2. Auflage

Bibliografische Information der Deutschen Nationalbibliothek
Die Deutsche Nationalbibliothek verzeichnet diese Publikation in der Deutschen
Nationalbibliografie; detaillierte bibliografische Daten sind im Internet über
http://dnb.ddb.de abrufbar.

ISBN 978-3-86910-626-7 (Print)
ISBN 978-3-86910-748-6 (PDF)

Die Autoren: Die erfolgreiche Journalistin Andrea Micus schreibt mit dem The-
menschwerpunkt Familie für auflagenstarke Frauenzeitschriften und ist Mutter
zweier Schulkinder. Günther Hoppe hat als erfahrener Pädagoge und Schulleiter
tiefe Einblicke in die Schulwirklichkeit. Er arbeitet in der Qualitätssicherung des
niedersächsischen Kultusministeriums.

2. Auflage

© 2013 humboldt
Eine Marke der Schlüterschen Verlagsgesellschaft mbH & Co. KG,
Hans-Böckler-Allee 7, 30173 Hannover
www.schluetersche.de
www.humboldt.de

Lektorat: Angelika Lenz, Steinheim a. d. Murr
Covergestaltung: DSP Zeitgeist GmbH, Ettlingen
Innengestaltung: akuSatz Andrea Kunkel, Stuttgart
Titelfoto: OEM Images/Matton Images
Satz: PER Medien+Marketing GmbH, Braunschweig
Druck: Grafisches Centrum Cuno GmbH & Co. KG, Calbe

Hergestellt in Deutschland.

Inhalt

Einleitung

Circa 8 Prozent der Schülerinnen und Schüler verlassen in diesem Schuljahr die Schule ohne Abschluss. 38 Prozent erreichen trotz entsprechender Voraussetzungen und Begabungen nicht den Schulerfolg, der ihnen möglich ist. Über 40 Prozent der Schülerinnen und Schüler fühlen sich psychisch belastet.

Alarmierende Zahlen aus der Schulwirklichkeit!

Was ist eigentlich los mit unseren Kindern? Sind sie einfach nur faul und bequem? Haben sie keine Lust mehr, sich anzustrengen? Wollen sie sich nur noch ablenken mit Gunshot-Games und anspruchslosen Serienkrimis, dümmlich auf Displays starren und sinnentleert das Mauspad hin- und herschieben?

Oder passt das System Schule nicht mehr und ist zum Spielball der Politiker verkommen? Haben etwa unmotivierte Lehrer das Sagen, die schon beim Eintritt ins Berufsleben auf ihre Pension schielen und bis dahin nur noch darauf bedacht sind, eine ruhige Kugel zu schieben?

Ist das wirklich so? Vielleicht ja, aber stellen Sie Ihre Kritik an Schule und Lehrer einmal zurück und rücken Sie das ins Zentrum Ihrer Aufmerksamkeit, was wirklich für Sie zählt: Ihr Kind.

Sie haben ein Kind, das Ihnen am Herzen liegt, und Sie wünschen ihm ein glückliche Kindheit und ein erfolgreiches Schulleben.

Sie möchten, dass dieser junge Mensch mit Freude lernt und Spaß daran findet, Tag für Tag die Welt und das Leben zu entdecken. Mal spielerisch beim Drachensteigenlassen mit Freunden, mal still und ernsthaft im Englischunterricht auf der Schulbank.

Sie möchten ihm Flügel geben, um über sich selbst hinauszuwachsen, und ihn festhalten, wenn er sich bei heftigen Pirouetten überschlägt.

Sie möchten, dass Ihr Kind voller Zuversicht, Mut und Vertrauen in diese Welt hineinwächst, und wenn es irgendwann geht, möchten Sie ihm nachsehen und sich sagen: Ich habe alles getan, was ich tun konnte. Ich bin zufrieden mit mir und stolz auf dich, mein Kind.

Doch bis es so weit ist, müssen Steine aus dem Weg geräumt, Tränen getrocknet und Seelen getröstet werden. Es lauern Niederlagen, die geschickt überstanden werden müssen, und es warten Siege, die richtig gefeiert werden sollten. Nicht immer machen Erwachsene dabei alles richtig. Es gibt Momente, in denen sie ratlos sind und fragen: Was ist zu tun?

Sie brauchen Hilfe. In diesem Buch werden Sie Hilfe finden. Aber Vorsicht! Wenn Sie dieses Buch lesen, werden auch Sie gefordert sein. Wenn etwas schiefzugehen droht, muss nicht nur Ihr Kind etwas ändern. Auch Sie müssen an sich arbeiten, innehalten

Stellen Sie sich darauf ein, dass auch Sie an sich arbeiten müssen.

und manches Mal feststellen, dass Sie auf keinem guten Weg sind und dass Korrekturen erforderlich sind. Nur so können Sie Ihrem Kind effektiv helfen, sein Problem in den Griff zu kriegen.

Und Sie müssen bereit sein, Zeit zu investieren. Wer seinem Kind den sicheren Weg in ein erfolgreiches und erfülltes Leben weisen will, muss Geduld mitbringen. Sich in die heranwachsende Seele einfühlen, wissen wollen, wo das Kind äußerlich und innerlich steht, ständig mit ihm in Kontakt sein und sich mit ihm austauschen. Das alles ist ein Muss.

Nur dann können Sie das unsichtbare Band erhalten, das zwischen Kind und Eltern spätestens mit der Geburt gespannt wird, es festzurren und unzerreißbar machen.

Wir zeigen Ihnen, wie Sie Ihrem Kind helfen, stark und erfolgreich durch Schule und Alltag zu kommen.

Wir beschränken uns dabei auf die schwierigen Jahre des Umbruchs, wenn Kinder auf dem Weg zum Jugendlichen zum ersten Mal gefordert sind, sich orientieren müssen, zu wackeln beginnen.

Die Jahre zwischen 8 und 14 Jahren sind das Alter, in denen Niederlagen erstmals richtig schmerzen und Erfolge erstmals richtig weiterbringen. Jahre, die wichtig sind für die Kinder und anstrengend für die Eltern.

Unser Buch wird Ihnen helfen, vieles klarer zu sehen, und Ihnen bei konkreten Fragen wertvolle Tipps und Anregungen geben.

Tauchen Sie ein in die Lebenswirklichkeit von acht Kindern, die alle verschiedene Probleme haben und dank der Entschlossenheit und der Tatkraft ihrer Eltern einen Weg aus ihren Schwierigkeiten finden. Lesen Sie in diesen Fallbeispielen, wie es Fabian und Benita, Malte und Tanja im Schuldschungel ergangen ist und wie es für alle ein Happy End gab.

Der zweite Teil des Buches gibt Ihnen bewährte Strategien an die Hand, die wie ein Stärkungselixier wirken. Viele Aspekte wurden schon in den Erfahrungsberichten angesprochen, doch hier finden Sie die Tipps noch einmal in geballter Form und thematisch sortiert. So fällt es Ihnen leichter, diese Ratschläge zu verinnerlichen und das pädagogische Grundwissen langsam im Erziehungsalltag zur Selbstverständlichkeit werden zu lassen.

Also, nehmen Sie sich Zeit zum Lesen, Nachdenken, Verinnerlichen! Per Knopfdruck lässt sich ein Kind nicht erziehen. Es gehört Liebe und Geduld dazu, etwas Fingerspitzengefühl und das echte Interesse, ein lebenslanger Begleiter zu sein.

Stärken stärken – das pädagogische Zugseil für erfolgreiche Kinder

Das Herz des jungen Albert Einstein gehörte der Musik. Er mochte gern das Violoncello. Doch trotz fleißigen Übens kam er aus den Kinderschuhen des Cellospielens nicht heraus. Er war ganz offenbar nur mittelmäßig begabt und egal, wie viel Zeit und Geld man noch investiert hätte, ein höheres Niveau als „Musizieren für den Hausgebrauch" hätte er nicht erreichen können.

Sein wahres Talent lag in den Naturwissenschaften. Auf diesem Gebiet richtig gefördert, von Professoren, die seine Stärke erkannten, stieg er zum bedeutendsten Physiker der Neuzeit auf.

Was lehrt uns das?

Ganz einfach: Viele Bemühungen verlaufen im Sande. Sie kosten Kraft und Ressourcen, ohne jemals den entsprechenden Erfolg zu bringen. Erst wenn man in seine eigenen Stärken investiert, wird etwas Besonderes daraus.

Stellen Sie sich vor, was mit einem Kind passiert, das in einem Unterrichtszweig schlecht ist, sagen wir in Sprachen, konkret Deutsch und Englisch. Es bekommt schlechte Noten, geht erst in den Förderunterricht, später zur Nachhilfe. Mühsam hangelt es sich schließlich auf eine knappe

Vier. Und die Angst, es doch nicht zu schaffen, begleitet es das ganze Schuljahr hindurch.

Dasselbe Kind ist aber ein prima Mathematiker. Im Matheunterricht rechnet es wie ein Wirbelwind, beherrscht Kopfrechnen perfekt und löst kniffeligste Textaufgaben. „Superbegabt", findet der Lehrer.

Können Sie sich vorstellen, wie dieses Kind leistungsmäßig durchstarten würde, wenn die vielen Stunden, die nahezu vergeblich in die Bewältigung des Englisch- und Deutschstoffes gehen, künftig in die Mathematik gesteckt würden? Es hätte eine Bestnote im Zeugnis und könnte vielleicht sogar einen Preis bei einem Wettbewerb wie „Jugend forscht" gewinnen. Alles wäre möglich, wenn Eltern und Schule diese Stärke stärken würden. Aber das Gegenteil ist der Fall. Schule und Elternhaus sorgen dafür, dass alle Gedanken nur darum kreisen, was das Kind nicht kann. Doch das blockiert, macht klein und unsicher.

Würden ihre Stärken gestärkt, könnten unsere Kinder richtig durchstarten.

Stellen Sie sich vor, Sie wären eine hervorragende Sekretärin, aber eine schlechte Balletttänzerin. Doch alle Welt würde sich nur darum bemühen, aus Ihnen eine Ballerina zu machen. Stunde um Stunde müssten Sie üben und jeder spräche Sie darauf an, warum Sie den Spitzentanz so schlecht beherrschen. Täglich attestierte man Ihnen Ihre Unbeweglichkeit, mangelnde Begabung und schlechte tänzerische Technik. Über Ihre prima Arbeit als Sekretärin verlöre aber niemand ein Wort. Glauben Sie, es ginge

Ihnen gut? Nein, innerhalb kürzester Zeit läge ihr Selbstbewusstsein garantiert am Boden und Sie würden sich unfähig und hilflos fühlen.

Und genau so fühlen sich auch die Kinder, bei denen in der Schule nur die Schwächen Beachtung finden. Es wird gebüffelt, gelernt, geschimpft und getadelt und nur dorthin gesehen, wo es ganz finster aussieht.

Erfolgreiche Lehrer graust es dabei. In ihren Augen haben Erwachsene – Eltern wie Lehrer – das Einmaleins des Motivierens nicht gelernt. Denn es gibt einen todsicheren Weg aus dem Dilemma und der heißt: Stärken stärken! Das ist das pädagogische Zugseil, das Menschen erfolgreich und leistungsstark sein lässt.

Bei uns Erwachsenen entwickelt es sich ganz häufig von selbst. Man ergreift den Beruf, an dem man Freude hat. Man sucht einen Ausbildungsplatz nach seinen Begabungen und Interessen aus. Wer nicht gut mit Menschen umgehen kann, entscheidet sich nicht für einen Ausbildungsplatz in einem Dienstleistungsunternehmen mit reichlich Kundenverkehr, sondern arbeitet lieber in einer ruhigen EDV-Abteilung.

Wir laden uns die Menschen ein, die wir mögen. Wir machen den Sport, der uns liegt. Niemand hat Spaß am Tennis, wenn er ein schlechtes Ballgefühl hat und nie trifft. Er legt den Schläger schnell aus der Hand und konzentriert sich auf eine andere Sportart. Wir kaufen die Kleidung, die uns steht, die unsere Stärken hervorhebt, die wohlgeformten Beine, die geraden Schultern, den flachen Bauch. Die

Problemzonen kaschieren wir. Niemand soll sie sehen. Wir wollen uns nicht bloßstellen.

Unsere Kinder stellen wir aber täglich bloß, indem wir ihnen ihre Schwächen vorhalten. Täglich. Und das Schlimmste: Man verbessert so gut wie nichts damit. Viel effizienter ist es, wenn wir uns um die Stärken unserer Kinder kümmern und diese ausbauen.

Hat Ihr Kind Freude an der Mathematik, der Musik, am Englischsprechen, dann hat es auch Freude am Lernen. Es wird Erfolge haben und deshalb noch mehr motiviert werden, weiter zu lernen. Und das ist eine garantierte Aufwärtsspirale in den Schulerfolg.

Bestimmt denken Sie jetzt: Doch was wird aus den anderen Fächern? Es kann doch keinen Schulabschluss mit nur einer Eins in Mathe geben? Sie haben recht!

Natürlich müssen auch Englisch und Deutsch, Geschichte und Geografie gelernt werden. Natürlich gehören auch diese Fächer zum Bildungskanon eines Kindes. Aber erinnern Sie sich an unsere anfängliche Botschaft, an das pädagogische Zugseil, das heißt: Stärken stärken! Denn wenn ein Kind in Mathe eine Rakete ist, wird es gern zur Schule gehen, Freude haben, etwas zu lernen. Es wird Lob bei den Freunden bekom-

Ein Kind, das super in Mathe ist und dafür gelobt wird, lässt sich durch eine schlechte Deutschnote nicht herunterziehen.

men und Anerkennung bei den Eltern. Es wird ein selbstsicheres Auftreten haben und sich durch einen Misserfolg in einem anderen Fach nicht mehr nach unten ziehen lassen. „Eine Fünf in Deutsch! Blöd gelaufen. Das darf mir nicht noch mal passieren. Aber das wird es auch nicht, denn ich bin gut genug, das zu ändern. Denn ich kann etwas! Denn ich bin stark!"

Verstehen Sie die Botschaft? Sie lautet: Schwächen schwächen mehr, Stärken stärken mehr.

Wer an der starken Seite eines Kindes arbeitet, entzieht den Schwächen die Aufmerksamkeit. Sie verlieren an Bedeutung, werden nebensächlich.

Erinnern Sie sich an Albert Einstein. Wirkliche Förderung ist nur da möglich, wo man sich auf seine Begabungen, seine Stärken verlassen kann. Ansonsten verpuffen sie im Nichts.

Sie müssen keinen Albert Einstein großziehen, aber ein Kind, das Spaß hat am Lernen, das Neugier entwickelt und Unbekanntes erforschen möchte.

„Aber mein Kind steht in keinem Fach wirklich gut da", möchten Sie jetzt einwerfen. Sie glauben nicht, dass Ihr Sohn oder Ihre Tochter irgendwo zu besonderen Leistungen fähig ist?

Ach ja! Vergessen Sie für einen Moment die Schule. Verlassen Sie das Wertesystem von Noten und stillsitzen können. Setzen Sie sich am besten an einen ruhigen Platz und beobachten Sie Ihr Kind.

Wie schön es mit sich selbst spielen kann! Hoch konzentriert baut es gerade einen Rennwagen aus bunten Kunststoffklötzchen zusammen, und jeder Handgriff sitzt. Ist das nicht großartig?

Was fällt ihm noch leicht? Kann es gut auf Menschen zugehen? Ist es liebevoll im Umgang mit dem Hund? Hat es ein gutes Ballgefühl? Oder bringt es besonders gut seine Ferienerlebnisse aufs Papier?

Sie können viele Themen andenken und sich Ihr Kind darin vorstellen. Und seien Sie sicher: Sie werden Talente entdecken! Konzentrieren Sie sich auf maximal drei und überlegen Sie dann, wie Sie Ihr Kind darin stärken könnten. Aber sprechen Sie auch mit Ihrem Kind und stellen Sie Fragen: Was fällt dir leicht? Was macht dir am allermeisten Spaß? Und selbst

Jedes Kind hat Talente. Was fällt Ihrem Kind besonders leicht?

wenn die Antwort Ihres Sohnes „Computer spielen" heißt, reagieren Sie nicht verärgert, sondern konstruktiv. Dann loben Sie seine Fertigkeiten am PC und überlegen Sie, ob Sie ihm nicht die Teilnahme an einem Computerkurs anbieten. Damit er an den Tasten richtig fit wird.

„Dann macht er ja noch weniger Schularbeiten!", möchten Sie jetzt entrüstet ausrufen. Stimmt nicht! Ihr Sohn wird sich mit den PC-Kenntnissen in der Schule brüsten, Aufmerksamkeit erregen, der „PC-Profi" werden, bei dem Mitschüler nach Lösungswegen nachfragen. Ihr Sohn muss sich nicht mehr über seine unterdurchschnittlichen Noten definieren.

Warum suchen sich denn so viele Erwachsene neben ihrer Arbeit ehrenamtliche Aufgaben? Weil sie helfen wollen. Stimmt. Aber auch, weil sie im Ehrenamt Anerkennung bekommen und gemocht werden. Die Ehrenamtsbewegung ist auch deshalb so erfolgreich, weil den Menschen Sympathie und Aufmerksamkeit entgegenschlägt.

Wer acht Stunden am Tag eine ungeliebte Arbeit macht, in der er wenig Feedback bekommt, genießt es, als Kassenwart im Kegelclub ein Lob zu bekommen. „Ohne unseren Tommy hätten wir Chaos im Verein" – so ein Satz streichelt und tut gut. Und er macht stark genug, nicht klein zu werden, wenn man sich am nächsten Morgen in der Firma wieder unterordnen muss.

So kann es auch Ihrem Kind gehen. Sie sollten Ihr Kind nicht auf seine Leistungen in der Schule reduzieren. Der Wert eines jungen Menschen besteht nicht nur aus Schulnoten. Die Schule ist sein Arbeitsplatz und ungeheuer wichtig. Aber er kann sich auch durch sein angenehmes Wesen, vielleicht durch Sportlichkeit, Tierliebe und Charakterstärke auszeichnen.

Wenn ein Mädchen auf die Frage, was es am liebsten macht, „shoppen gehen" antwortet, rollen Sie nicht abwertend mit den Augen. Warum? Wenn das Mädchen dadurch einen guten Stil in Kleidungs- und Einrichtungsfragen entwickelt, es schafft, sich nett zurechtzumachen, dann bauen Sie auch auf dieser „Stärke" auf.

„Wir haben eine Firmenfeier und ich möchte mir etwas zum Anziehen kaufen. Bitte komm du mit. Du hast so ein gutes Händchen für Farben und weißt bestimmt, was mir gut steht." Erzählen Sie Freunden, wem sie die geschickte Auswahl verdanken, und Ihre Tochter wird sich gut fühlen und ein Stückchen größer in die Schule gehen. Die Noten sind nach wie vor nicht optimal. Aber das Mädchen fühlt sich gut, kann sich sagen: Ich habe Geschmack und ein Gespür für Farben. Na also, ich kann was! Sie wird davon träumen, eine Designerin zu werden. Aber die muss auch rechnen können. Und schon macht Mathematik mehr Spaß. Wetten?

Stärken erkennen und darauf vertrauen

Prima, Sie haben die Lektion gelernt. Sie sind jetzt auf dem richtigen Weg, Ihrem Kind ein guter Begleiter zu sein. Aber Ihr Kind muss diesen Weg auch mitgehen. Doch wenn Eltern den Vorschlag machen, Fähigkeiten gezielt zu verbessern, bekommen sie schnell zu hören: „Ich kann das sowieso nicht!"

Viele Kinder haben kein Zutrauen in ihre eigenen Fähigkeiten. Sie trauen sich zu wenig zu, haben Angst, Fehler zu machen, glauben nicht an ihre Talente, ihr Können. Psychologen wissen: Menschen verhalten sich nie entsprechend ihrer Fähigkeiten, sondern immer nur danach, welche Fähigkeiten sie zu haben glauben. Das heißt: Unsere Erfolge sind immer Ergebnis des eigenen Selbstvertrauens.

Wenn ein Schüler glaubt, dumm zu sein, verhält er sich auch so. Wenn er glaubt, die Vokabeln nicht zu können, meldet er sich nicht bei der Überprüfung. Wer sich beim Fußball etwas zutraut, verwandelt den Elfmeter. Ein gleich guter Schütze, der an seinen Fähigkeiten zweifelt, versagt beim Torschuss. Was wir in der Schule – und auch im Leben – erreichen, hängt von dem ab, was wir uns zutrauen und welche Einstellungen wir zu unseren Fähig-

Wer sich beim Fußball was zutraut, verwandelt den Elfmeter.

keiten haben. Eltern und Lehrer haben die Aufgabe, dafür zu sorgen, dass sich Kinder etwas zutrauen. Und das passiert, wenn sie wissen, wo sie etwas erreichen können. Machen Sie Ihr Kind optimistisch, damit es Zuversicht in die eigene Leistungsfähigkeit hat.

Damit Ihr Kind seine Stärken stärken kann, muss es sich auch seiner Schwächen bewusst sein. Es muss erkennen: Das kann ich gut, das weniger. Ich möchte gern Fußball spielen, aber ich habe kein spielerisches Geschick. Diese realistische Einschätzung ist wichtig, um sich nicht sinnlos zu verausgaben und Ressourcen zu verschwenden. Deshalb bleiben Sie ehrlich und aufrichtig. Natürlich sind kleine Schmeicheleien manchmal hilfreich. Aber nach und nach müssen Sie Ihrem Kind gegenüber mit offenen Karten spielen. „Gehe weiter kicken, wenn du es als Spaß siehst. Aber wenn du erfolgreich sein willst, konzentriere dich auf etwas anderes." Damit es nicht weh tut, stellen Sie die Stärke in den Vordergrund. „Du kannst toll Theater spielen, aber als Klassensprecher bist du ungeeignet!"

So lernt ein Kind langsam, sich auf seine Stärken zu konzentrieren und Vertrauen in seine eigene Leistungsfähigkeit zu bekommen. Vertrauen in die eigene Stärke ist eine wichtige Voraussetzung, um in der Schule und später in Ausbildung und Beruf erfolgreich sein zu können.

Vertrauen ist aber auch die wichtigste Voraussetzung, damit Sie Ihr Kind führen und leiten können.

Machen Sie Ihrem Kind deutlich, dass Sie es so annehmen, wie es ist: mit seinen Stärken und Schwächen. Leben Sie Ihrem Kind vor, dass Sie ein verläss- licher Erzieher und Begleiter sind, dem man uneingeschränkt vertrauen kann. Wackeln Sie nie bei Enttäu- schungen, die es zwischendurch geben kann. Schenken Sie Ihrem Kind einen unendlichen Vertrauensvorschuss. Glauben Sie an seine Stärken und machen Sie es dafür stark. Denken Sie an Albert Einstein!

Schenken Sie Ihrem Kind einen unendlichen Vertrauensvorschuss.

Acht Kinder, acht Probleme: Erfahrungsberichte, Tests und Tipps

Das kennen Sie bestimmt: Bei eigenen Problemen dreht man sich häufig gedanklich im Kreis und findet lange keinen Lösungsansatz. Ganz anders ist das, wenn Ihnen Freunde und Bekannte ihre Sorgen schildern. Da reicht ein Blick und Sie sehen glasklar die Schwachpunkte, bei denen es anzusetzen gilt. Mit Distanz betrachtet erscheinen die Zusammenhänge klarer, die Lösungswege eindeutiger.

Wir möchten uns das zunutze machen und schildern Ihnen im Folgenden die Geschichten von acht Kindern. Jedes davon hat ein Problem, wie es heute Millionen Kinder kennen, zum Beispiel Mobbing oder Unsicherheit, unkontrollierte Aggressionen oder mangelnde Konzentration.

Wir schildern die familiären Hintergründe und arbeiten die Ursachen und Folgen heraus. Sie werden garantiert Parallelen zu Ihrer eigenen Lebenssituation erkennen und den geschilderten Lösungsweg übertragen können. Ein Test und praktische Tipps runden das jeweilige Thema für Sie ab.

Machen Sie mit, nehmen Sie bei manchen Tests auch Ihre Kinder mit ins Boot und lesen Sie, wie sich Schwierigkeiten, die Ihnen im Moment noch über den Kopf zu wachsen drohen, mit gezielten Maßnahmen in den Griff bekommen lassen.

Mobbing

„Wer den Feind ganz fest umarmt,
macht ihn bewegungsunfähig!" Carola Gesthusen, Psychologin

Täglich werden an Deutschlands Schulen Mädchen und Jungen verspottet, geschlagen, gedemütigt oder bedroht. Keine Altersgruppe, keine Schulform ist davon ausgenommen.
Untersuchungen belegen, dass mit zunehmendem Alter die körperlichen Schikanen abnehmen, die psychischen Verletzungen aber zunehmen. Über elektronische Medien (sogenanntes Cybermobbing) dringen die Schikanen auch in den häuslichen Bereich der Kinder ein.
Mobbing ist also eine häufige Erscheinung, die dadurch verschlimmert wird, dass sie von vielen Eltern und Lehrern gar nicht wahrgenommen wird.
Doch man kann sich wehren. Ein starkes, selbstbewusstes Kind ist nie ein Opfer. Helfen Sie Ihrem Kind, sich Respekt und Anerkennung bei Gleichaltrigen zu verschaffen und holen Sie es so aus der Opferrolle.

„Noch nachts höre ich, wie die anderen über mich lachen!"

Tanja (11): Sie geht in die 5. Klasse eines Gymnasiums.

„Kommt, wir gründen einen Anti-Tanja-Club!", ruft der elfjährige Benjamin laut und mit ihm laufen gleich sieben Jungen aus der 5b des hessischen Kleinstadtgymnasiums Richtung Schulhof.

Tanja bleibt auf ihrem Platz sitzen. Sie sieht traurig zu Boden und klappt langsam ihr Schulbuch zu. Sie rührt sich erst vom Fleck, als die junge Englischlehrerin sie direkt auffordert, in die Pause zu gehen. Das Mädchen hat Bauchschmerzen. Am liebsten möchte es gar nicht den Klassenraum verlassen. Tanja weiß ja, was sie draußen auf dem Schulhof erwartet. Auch heute wird wieder niemand mit ihr spielen wollen. Sie wird allein am Schulhofrand stehen, beschämt, vielleicht sogar ein paar Tränen vergießen, und die Minuten zählen, bis die Pausenuhr läutet und endlich wieder der Unterricht beginnt.

Tanja wird gemobbt! Fast alle zwölf Jungen aus der Klasse zeigen offen, dass sie sie ablehnen. Die 13 Mädchen sind zurückhaltender, grenzen sie aber aus. „Hau ab!" oder „Verschwinde!" hört sie täglich. Daran hat sie sich gewöhnt. Mittlerweile empfindet sie es als noch verletzender, wenn die anderen Kinder sofort die Spielfläche verlassen, wenn sie sich dazustellt.

„Sie drehen sich um, ohne was zu sagen, und lassen mich stehen. Ich fühle mich, als ob ich eine Krankheit hätte", vertraut Tanja eines Mittags ihrer Mutter Kerstin (38) an und beginnt bitterlich zu weinen. Es ist Oktober und Tanja geht gerade mal seit zwei Monaten auf das Gymnasium. Wie soll es jetzt weitergehen?

Die ebenso liebevolle wie engagierte Mutter ist richtig verzweifelt. Sie geht am nächsten Tag zum Schuldirektor, um sich bei dem erfahrenen Pädagogen das Herz auszuschütten. Es ist eine lange Geschichte, die sie erzählen wird. Ge-

kennzeichnet von Rat- und Hilflosigkeit. Die Einstiegs-
worte der Mutter sind deutlich: „Wir wissen nicht mehr
weiter. So geht uns das Kind, das wir
über alles lieben, bald kaputt!" Und
dann erzählt sie von Tanjas Mobbing-
schicksal, das schon im Kindergar-

**„Wir wissen nicht mehr
weiter. So geht uns
unser Kind kaputt!"**

tenalter seinen Anfang nimmt. Damals zieht Tanjas Familie
aufs Land. Ein schönes Haus, der Kindergarten gut zu Fuß
erreichbar – ideale Bedingungen für einen perfekten Start
in die Kindergartenzeit.

Doch Tanja verträgt sich nicht mit den anderen Kindern
in ihrer Gruppe. „Wenn ich sie mittags abholte, stand sie
schon weinend am Eingang und wartete auf mich. Morgens wollte sie gar nicht mehr ins Auto steigen, so sehr
fürchtete sie die Attacken der anderen Kinder."

Natürlich spricht die Mutter damals mit den Erzieherin-
nen. Sie wollen alle helfen und sich um eine bessere Integ-
ration des zugezogenen Kindes kümmern. Doch es bessert
sich nichts. Vielleicht liegt es an der ländlichen Umgebung,
denken sich die Eltern damals. Sie kommen aus Hamburg
und sind aus beruflichen Gründen aus der Großstadt in
die idyllische Kleinstadt gezogen. Beide sind Optiker und
konnten auf dem Land ein gut gehendes Geschäft übernehmen.

Tanja zuliebe haben sie sich für ein Haus im grünen
Umfeld der Kleinstadt entschieden. Das Mädchen soll in
der Natur aufwachsen. Und jetzt das! Die anderen Kinder
akzeptieren sie nicht. Tanja sieht schon auf den ersten Blick

anders aus. Die Eltern legen Wert auf eine gepflegte, modische Kleidung. Tanja ist immer schick. Aber ist es das?

Vorsichtshalber melden sie das Mädchen im Kindergarten des Nachbardorfes an. Doch es vergehen nur wenige Wochen und Tanja ist auch hier ein Mobbingfall. „Vermutlich liegt es an der Engstirnigkeit der Dorfbewohner", mutmaßt Tanjas Mutter. Sie haben ihr Haus nur gemietet. Sie wollen sich sowieso etwas kaufen. Warum sollen sie dann nicht in die größere Kreisstadt ziehen. Sie finden ein schönes Reihenhaus in der Kernstadt. Als Tanja eingeschult wird, ist das Thema Mobbing für die Eltern Vergangenheit. Sie ahnen nicht, dass es sie noch viele weitere Jahre begleiten und belasten wird. Denn es gibt nur kurz Ruhe, dann wird Tanja wieder von den anderen ausgeschlossen.

„Tanja hat kaum Freunde", sagt die Mutter traurig. Denn die Eltern haben in den letzten Jahren viel **„Zu ihren Partys ist keiner gekommen."** dafür getan, dass sich das Mädchen integrieren kann. „Wir haben zu Partys eingeladen, zu denen niemand gekommen ist", so die hilflose Mutter.

Die Folgen sind allmählich dramatisch. In der 2. Klasse liegt Tanja in unregelmäßigen Abständen immer wieder tagelang mit Bauchweh im Bett. Sie muss sich häufig übergeben, bekommt hohes Fieber, für das es keine Erklärung gibt. Erst durch eine eingehende Diagnostik kommt der Hausarzt darauf, dass das Mädchen seelisch extrem unter Stress steht. Die körperlichen Beschwerden stellen sich als Folgen von Mobbing heraus.

Die Mutter spricht immer wieder mit der Lehrerin, die Tanjas Mitschüler häufig ermahnt. An Elternabenden wendet sie sich in einem dramatischen Appell an die Eltern von Tanjas Mitschülern. „Bitte sprechen Sie mit Ihren Kindern und sagen Sie ihnen, wie sehr Tanja leidet."

Nach jedem dieser Abende ist eine Zeit lang Ruhe. Die Eltern hoffen – bis Tanja mittags wieder tränenüberströmt angelaufen kommt.

Als sie endlich auf das Gymnasium kommt, ist Mobbing für Tanja schon Alltag.

Was ist los mit Tanja?

Tanja ist ein hübsches, immer modisch gekleidetes Mädchen. Sie ist im Sport hervorragend, eine hoffnungsvolle Leichtathletin und in der Schule eine Musterschülerin. „Tanja bringt nur Einser und Zweier nach Hause", sagt der Vater stolz.

Tanjas Elternhaus ist bürgerlich. Das Geschäft der Eltern ist im Ort bekannt. Sie sind angesehene Geschäftsleute. Der Vater ist in vielen Vereinen. Die Mutter unterrichtet abends an der Volkshochschule Englisch. Sie hat in Amerika studiert und möchte ihre guten Sprachkenntnisse trainieren. Das Mädchen ist ein Einzelkind und wird von den Eltern sehr verwöhnt, aber auch liebevoll gefordert. Tanja bekommt Klavierunterricht und geht zum Ballett.

Tanja hat schon viel von der Welt gesehen. Die Eltern nehmen sie häufig mit auf Messen und Ausstellungen, auch ins europäische Ausland. Einmal im Jahr gönnen sie sich eine

Fernreise, oft geht es nach Amerika. Die Familie hat viele Freunde dort.

Tanja ist durch den Geschäftshaushalt der Eltern ein bewegtes Leben gewöhnt. Sie geht nach Schulschluss mittags auch nicht nach Hause, sondern in das Geschäft. Die Eltern nehmen das Mädchen zum Mittagessen mit in eines der zahlreichen Restaurants in der Umgebung. Die Schulaufgaben macht sie im Büro des Vaters. Anschließend fährt sie die Mutter nach Hause oder zum Sport.

Die zahlreichen Reisen und der Kontakt zu vielen Menschen, auch den Kunden im Geschäft der Eltern, haben Tanja eigentlich sehr kommunikativ und offen gemacht. Sie hat ein freundliches, höfliches Wesen, kann sich gut ausdrücken und hat wenig Mühe, sich auf andere Menschen, auch aus dem Ausland, einzustellen.

Dank der guten Schulnoten und der hervorragenden Leistungen im Sport ist Tanja gewohnt, im Mittelpunkt zu stehen und viel Lob zu bekommen. Auszeichnungen in Leichtathletik oder bei Wettbewerben in der Schule nimmt sie sichtbar stolz entgegen.

Bei den Lehrern ist sie wegen ihrer guten Umgangsformen beliebt. Erwachsene schätzen die Art, wie sie sich ausdrückt. „Tanja ist ein tolles Mädchen", sagt die Mutter. Aber sie weiß, wie schlecht es ihrer Tochter oft geht. Es gibt Tage, an denen Tanja sich weigert, in die Schule zu gehen. Angeblich hat sie wie früher in der Grundschule wieder Bauchweh, neuerdings klagt sie

Hinter den körperlichen Beschwerden verbirgt sich seelischer Stress.

über Kopfschmerzen. Die Eltern werden bei diesen Symptomen natürlich längst hellhörig. Sie glauben zu wissen, was sich in Wirklichkeit hinter den Beschwerden verbirgt. Sie wollen jetzt echte Hilfe und nicht mehr mit Appellen vertröstet werden.

Der Direktor ist betroffen, aber auch dankbar, dass die Mutter ihn so ausführlich informiert hat. Er macht sich jede Menge Notizen und verspricht Tanjas besorgter Mutter, jetzt durch ganz gezielte Maßnahmen einen Lösungsweg anzustreben. „Das braucht Zeit, aber wir werden erfolgreich sein", versichert er und rät als Erstes, das Thema Mobbing offen mit Tanja zu besprechen und nicht herumzureden. Sein Tipp: „Tanja muss wissen, was mit ihr passiert. Nur dann kann sie Hilfe annehmen."

Doch bevor der Direktor entscheidende Maßnahmen in die Wege leiten kann, eskaliert die Situation bereits. Tanja wird beim Tischtennisspielen auf dem Schulhof von Rafael, einem Mitschüler aus der Parallelklasse, brutal verletzt. Der Junge wirft ihr quer über die Platte hinweg den Schläger ins Gesicht. Die Augenbraue platzt auf, dazu die Oberlippen.

Tanja wird direkt von der Schule ins Krankenhaus gebracht. Der Zwischenfall führt in der Schule zu einer Krisensitzung, an der alle Lehrer der Klasse, Tanjas Eltern und der Schuldirektor teilnehmen. Selbstverständlich wird Rafael Konsequenzen wegen seines Verhaltens tragen müssen. Ebenso bedeutsam ist aber das Ziel, Mobbing in der Schule offensiv zu begegnen. Das Thema Anti-Mobbing soll ein regelmäßiges Projekt in der Schule werden, für das sich alle Verantwortlichen engagieren.

„Wir können doch nicht immer weglaufen", sagt Tanjas Vater, benommen von der Sorge um die einzige Tochter. Es gibt am Ort nur ein Gymnasium. Ein Wechsel wäre für Tanja mit viel Fahrerei und für die Eltern mit sehr hohem Aufwand verbunden. Sie müssten das Geschäft und die Schulzeiten koordinieren, was eine Menge Stress zur Folge hätte.

Der Schulpsychologe schaltet sich als Erster ein. Abstellen lassen sich die Mobbingattacken erfahrungsgemäß nicht sofort. Um alle beteiligten Kinder zu erreichen und mäßigend auf sie einzuwirken, werden Wochen, wenn nicht Monate vergehen. Damit Tanja diese Zeit durchstehen kann, muss sie widerstandsfähiger gemacht werden. Sie muss stabil genug sein, auch die offen gezeigte Missgunst und Ablehnung Einzelner zu ertragen.

Warum wird Tanja gemobbt?

Die typischen Mobbingopfer sind Schüler oder Schülerinnen, die sich in einer Außenseiterrolle befinden. Dafür kann es unterschiedliche Gründe geben: neben äußerlichen Merkmalen, Herkunft, von der Norm abweichenden Verhaltensweisen können auch besonders schlechte oder besonders gute Leistungen eine Rolle spielen. Kennzeichen von Mobbingopfern sind oft auch Ängstlichkeit, Aggressivität, geringes Selbstwertgefühl, körperliche Schwäche und Unfähigkeit, Konflikte zu lösen. Viele Mobbingopfer kommen auch aus einem überbehütenden Elternhaus.

Untersuchungen belegen, dass Probleme mit Mobbing in der Schule oft eskalieren, weil nicht rechtzeitig interveniert wird. Behauptungen wie „An unserer Schule gibt es kein Mobbing" sind schlichtweg unwahr. Entweder erkennt man das Problem nicht oder es wird ignoriert.

Die Täter, also diejenigen, die aktiv mobben, demonstrieren oft eine körperliche, fast nie eine geistige Überlegenheit. Sie kompensieren mangelndes Selbstwertgefühl durch vorlautes Verhalten, sind oft Anführer von Cliquen und neigen zum Prahlen. Von den Tätern werden zumeist diejenigen gemobbt, die sich in einer Außenseiterrolle befinden. Oft lassen sich von Beobachtern die Merkmale des Außenseiters gar nicht erkennen. Wer nicht „dazugehört", wird als Einzelner zur Zielscheibe anderer. Übrigens sind Jungen und Mädchen im Alter zwischen 13 und 15 Jahren am häufigsten von Mobbingattacken betroffen.

Die Täter sind häufig körperlich, aber fast nie geistig überlegen.

Im Kindes- und Jugendalter können Eltern, Lehrer und der oder die Betroffene durch frühzeitiges Handeln dazu beitragen, dass das Mobbing beendet wird. In der gymnasialen Oberstufe ist wegen der subtilen Formen Mobbing am schwersten zu erfassen.

Als besonders gefährdet gelten Kinder und Jugendliche, die

- sich nicht „normgerecht" verhalten und/oder bestimmte Persönlichkeitszüge aufweisen und darüber hinaus
- klein oder schwach sind
- übergewichtig sind

- schüchtern, unscheinbar und ängstlich sind
- anders aussehen
- einer ethnischen Minderheit angehören
- behindert sind.

Eigentlich passt Tanja nicht in die übliche Mobbingopfer-rolle. Das typische Opfer ist schwach, benachteiligt und hilflos und somit prädestiniert zum Prügelknaben.

Nicht so Tanja! Sie sieht gut aus und ist den meisten gleich-altrigen Kindern intellektuell und leistungsmäßig über-legen. Dazu kommt das wohlsituierte Elternhaus. Aber beim genauen Hinschauen wird auch sie gerade dadurch – zusammen mit ihrem Auftreten und den durchgängigen Erfolgen in allen Bereichen – von den Gleichaltrigen als Außenseiter wahrgenommen. Sie kann sich mehr leisten als die meisten anderen und prahlt sogar häufig damit, und das weckt deren Neid.

Da Kinder ihre Gefühle nur schlecht verbal ausdrücken können, reagieren sie mit Ausgrenzung, Aggression und Ablehnung. Und schnell finden sich Mitläufer, die die Mobbingattacken billigen, auch aus Angst, sonst selbst zum Opfer zu werden. Solche Abläufe verselbstständigen sich. Ist ein Opfer festgelegt, hat es Mühe, sich aus der Opferrolle zu befreien. Denn die Mitschüler wissen: Wer für Tanja ist, steht mit am Pranger. Und davor haben gerade schwache Kinder Angst. Also sind sie auch gegen Tanja,

Aus Angst, selbst zum Mobbingopfer zu werden, stellen sich manche Kinder auf die Seite des Täters.

schwimmen im Strom der Ablehnung mit, obwohl sie eigentlich gar nichts gegen das Mädchen haben.

So kann man Tanja helfen!

„Wenn man Tanja helfen will, muss man auf die Zeit setzen. Es braucht Monate, um den Klassengeist zu ändern. Aber es ist möglich", sagt die Lehrerin.

Der Kernpunkt ist: Tanja kann durch ihre vielfältigen Talente anderen Kindern nützlich sein. Die Lehrerin will versuchen, ihre Stärken in das Klassengefüge einzubauen.

Bei Tanja bietet es sich zum Beispiel an, dass sie schlechte Schüler leistungsmäßig unterstützt. Die engagierte Deutschlehrerin ist auf einem richtigen Weg, als sie Folgendes vorschlägt: „Wir haben doch die Anmeldung eines Mädchens aus Japan vorliegen, das Ende des Monats in unsere Klasse kommt. Das Mädchen ist sowohl durch ihr Aussehen als auch durch die asiatische Lebensform erst einmal ein Außenseiter – vergleichbar mit Tanja. Ich werde versuchen, die beiden zusammenzubringen."

Die Lehrerin macht wenig später mit beiden Müttern ein Treffen aus und organisiert, dass Tanja mit der kleinen Kim-Sung ein paar Wochen lang die Hausaufgaben machen wird. Tanja ist von der Idee sofort begeistert. Sie hat ein hilfsbereites Wesen und genießt es, von der künftigen Mitschülerin gebraucht zu werden. Die Lehrerin verkündet Tanjas Einsatz vor der ganzen Klasse und bedankt sich im Namen der Eltern von Kim-Sung für die Mühe, die sich Tanja machen wird. Gleichzeitig bittet sie einen in

Mathematik sehr guten Jungen, den gleichaltrigen Bastian, ebenfalls darum, die Asiatin zu unterstützen. Damit holt die Lehrerin auch diesen Jungen, der sich bereits aktiv als Mobber hervorgetan hat, mit ins Boot.

Der Junge fühlt sich geschmeichelt, weil er öffentlich ausgewählt wird, und kann jetzt nicht mehr zurück. Zumal auch noch der Direktor in den Unterricht gekommen ist.

Alle drei Schüler treffen sich zweimal in der Woche in Kim-Sungs Elternhaus und Tanja und Bastian helfen ihrer neuen Mitschülerin. Das Ergebnis liegt auf der Hand. Da sie zu dritt in einer Sonderrolle sind, lernen sie sich auch ganz anders kennen. Als Bastian das erste Mal allein mit Tanja nach Hause geht, stellt er fest, dass sie eigentlich ganz nett ist. Am Mobbing in der Klasse beteiligt er sich jetzt nicht mehr. Er hält zwar auch nicht zu ihr, denn dazu fehlt dem stillen Jungen noch der Mut. Aber er macht auch nicht mehr mit. Die Front beginnt zu bröckeln.

An diesem ersten Erfolg knüpft jetzt die Klassenlehrerin an. Sie setzt in ihrem Deutschunterricht verstärkt auf Gruppenarbeiten und teilt die Gruppen dazu persönlich ein. Tanja kommt in die Gruppe der schwachen Kinder. Mit Tanjas Eltern hat sie vereinbart, dass die Gruppenarbeit bei Tanja zu Hause erledigt wird. Die

Tanja hilft den schwachen Schülern bei der Gruppenarbeit.

Kinder kommen widerwillig, können sich aber nicht davor drücken. Dank Tanjas guter Leistungen bekommt die Gruppe aber eine gute Zensur. Schnell spricht sich herum, dass die Zusammenarbeit mit Tanja Vorteile bei den Noten bringt. Bei der nächsten Gruppenarbeit kommt von den Tanja zugeteilten Schülern kein Widerstand mehr. Sie gehen gern zu Tanja, weil sie wissen, dass es ihnen notenmäßig guttut.

Innerhalb kürzester Zeit wird Tanja zum Ansprechpartner vieler lernwilliger Schüler. Es ist plötzlich nicht mehr verpönt, mit Tanja zu sprechen, sondern eher ein Zeichen von Cleverness, sich der Vorzeigeschülerin anzuvertrauen und sich von ihr helfen zu lassen.

Tanjas Eltern begleiten die Strategie der Schule geschickt, indem sie die Schüler, mit denen Tanja sich vorsichtig annähert, zu Übernachtungspartys oder Wochenendausflügen einladen.

Die Idee ist klar: Einzelne Kinder mobben nicht! Sie stehen nicht unter dem Druck der Gruppe, sondern gehen erst einmal behutsam mit Tanja um. Im häuslichen Rahmen des Elternhauses verhalten sie sich zurückhaltend und sie haben die Möglichkeit, Tanja allein richtig ken-

Fakt ist: Einzelne Kinder mobben nicht.

nenzulernen. Indem die Eltern viele Kinder aus der Mobbinggruppe einzeln erreichen, werden sie den Gruppendruck langsam abbauen.

Das rät der Experte

Tanja soll selbstbewusst auftreten, dabei aber nicht mit ihrer leistungsmäßigen Überlegenheit protzen. Ein Fehler, den das Mädchen – verletzt und ausgegrenzt – häufig gemacht hat.

Um sich zu wehren und irgendwie aufzutrumpfen, hat sie mit ihren guten Noten oder sogar den teuren Kleidungsstücken geprahlt. Damit machte sie sich nur noch unbeliebter, erntete Beschimpfungen wie „Angeberin" und „Streberin" und wurde ausgegrenzt, was dazu führte, dass sie wieder auftrumpfte. – Ein verhängnisvoller Kreislauf, der letztlich in die Spirale des Mobbings führte.

Tanja soll künftig bescheidener auftreten und von ihren Noten nur noch berichten, wenn sie danach gefragt wird. Auch die Themen Markenkleidung und Auslandsreisen soll sie außen vor lassen. Stattdessen ist es sinnvoll, sich für die Interessen der Mitschüler zu erwärmen, auch Kindern zuzuhören, die nicht so viel erlebt haben wie sie.

Das bescheidenere Auftreten und die Zurückhaltung bei bestimmten Themen, die Tanja eingeübt hat, führen dazu, dass sie sich allmählich von den Mitschülern akzeptiert wird.

Sechs Monate nach dem folgenschweren Zwischenfall beim Tischtennis ist Tanja eine beliebte Mitschülerin geworden. Sie geht wieder gern zur Schule und bringt außer den nach wie vor sehr guten Leistungen auch verschiedene gute Freunde mit nach Hause.

„Es war eine anstrengende Zeit", sagt Tanjas Mutter rückblickend. „Aber die Mühe hat sich gelohnt. Tanja ist ein fröhliches Mädchen. Sie ist an der Mobbingerfahrung sogar gewachsen. Ihr ganzes Auftreten ist überlegter, reifer, rücksichtsvoller geworden. Wenn heute negative Kommentare fallen, geht sie souverän damit um. Sie packt die Mitschü-

ler, indem sie sie direkt fragt: „Warum sagst du so etwas?"
oder „Was habe ich dir getan, dass du so mit mir sprichst!"
Die Erfahrung zeigt, dass diese Mitschüler danach sofort
einen Rückzieher machen. Sie schämen sich und sind froh,
wenn Tanja ihnen danach symbolisch die Hand reicht und
einfach normal weiterspricht.

„Die letzten Monate werden Tanja weiter durchs Leben
helfen", glaubt die Mutter. Der Vater nickt: „Sie war immer
ein starkes Mädchen. Aber jetzt ist das noch deutlicher zu
erkennen."

Der Mobbingtest: Ist Ihr Kind ein Mobbingopfer?

Fragen Sie Ihr Kind, ob die folgenden Aussagen auf das Kind
zutreffen oder nicht. Für jede zutreffende Aussage notieren
Sie einen Punkt.

1. Niemand will sich mit dir verabreden.
2. Wenn Gruppenarbeiten vergeben werden, will niemand mit dir arbeiten.
3. Du wirst täglich gehänselt und niemand steht dir bei.
4. Wenn du etwas sagst, machen sich alle lustig über dich.
5. Bei Spielen lässt man dich nicht mitmachen.
6. Du hast einen Sprachfehler.
7. Mitschüler tuscheln, wenn du den Raum betrittst.
8. Andere Kinder erzählen Unwahrheiten über dich.
9. Man hat dir schon Schulsachen gestohlen.
10. Deine Kleidung ist schon absichtlich beschmutzt worden.
11. Es gibt Tage, da magst du nicht zur Schule gehen.

12. Du hast oft Magenschmerzen oder Kopfweh.
13. Du hast keine Freunde.
14. Du bist schon häufig über E-Mails oder das Internet beschimpft worden.
15. Andere Kinder beleidigen deine Familie.
16. Die Haupttäter stacheln Mitschüler gegen dich auf.
17. Niemand will in der Klasse neben dir sitzen.
18. Du meldest dich nicht, weil du Angst hast, dass alle lachen.
19. Manche machen dir gegenüber sexuelle Anspielungen oder belästigen dich sexuell.
20. Du gehst allein zur Schule, obwohl Kinder aus deiner Schule in der Nachbarschaft wohnen.

Ergebnis: _____ Punkte

Testauswertung

0–4 Punkte: Ihr Kind hat keine nennenswerten Probleme.

5–8 Punkte: Das kann Mobbing im Anfangsstadium sein. Die Konflikte können aber auch andere Ursachen haben. Bitte fragen Sie genau nach!

9–13 Punkte: Ihr Kind wird gemobbt! Sie sollten mit ihm besprechen, was Sie ohne Hilfe von außen ändern können.

Mehr als 13 Punkte: Hier liegt eindeutig massives Mobbing vor. Nur Hilfe von außen kann hier etwas ändern. Sie müssen die Schule verständigen.

Was Mobbingopfer selbst tun können

Wenn Ihr Kind gemobbt wird, können ihm die folgenden Tipps helfen, richtig mit der Situation umzugehen.

- **Wehre dich!** Zeige frühzeitig, dass sich die Mitschüler nicht alles erlauben können. Der „Täter" muss spüren, dass er es mit einem Menschen zu tun hat, der sich wehrt. Ein energisches Auftreten ist grundsätzlich erfolgreicher als ein ängstliches Zurückziehen.

- **Führe ein Mobbingtagebuch.** Notiere, wenn jemand dich angreift. Vergiss nicht, Datum, Uhrzeit und Zeugen aufzuschreiben. Es kann sein, dass – wenn das Problem eskaliert – du die Notizen gut gebrauchen kannst. So ein Tagebuch hilft allerdings nicht, deine Probleme zu lösen.

- **Suche die Gegenüberstellung.** Frage den Mobber, was er bezweckt.

- **Sprich mit deinen Lehrern.** Suche das Gespräch mit deinem Klassenlehrer, dem Beratungs- oder Vertrauenslehrer und berichte möglichst sachlich von den Vorkommnissen.

- **Suche einen Mitschüler als Verbündeten.** Gemeinsam seid ihr stark!

- **Lass dir von Fachleuten helfen.** Es gibt professionelle Beratungsstellen, die in der Schule bekannt sind. Bitte deinen Klassenlehrer, dir die Namen, Adressen und Telefonnummern zu geben, und vereinbare einen Termin. Eventuell kannst du auch selbst im Internet entsprechende Foren finden.

- **Besonderheiten sind Markenzeichen.** Sofern du wegen Aussehen, Sprache oder Herkunft gemobbt wirst: Nimm deine Besonderheit als Markenzeichen! Wenn es dir gelingt, dich selbst zu mögen, werden viele Angriffe an dir abprallen.
- **Tu das nicht!!!** Vermeide negative Voraussagen. Du schadest dir selbst, wenn du immer nur Schlechtes erwartest.

Was Eltern tun können

- **Nehmen Sie Warnsignale ernst.** Bedeuten Sie Ihrem Kind, dass Sie es ernst nehmen und seine Probleme auch die Ihren sind. Informieren Sie die Schule über Ihren Verdacht.
- **Unterstützen Sie Ihr Kind.** Geben Sie Ihrem Kind Geborgenheit. Unterstützen Sie es und suchen Sie gemeinsam nach Lösungswegen.
- **Lassen Sie Ihr Kind darüber berichten.** Raten Sie Ihrem Kind, einem vertrauten Mitschüler und dem Klassenlehrer oder der Klassenlehrerin darüber zu berichten.
- **Klären Sie die Sachlage.** Klären Sie eindeutig, wo und wann die Angriffe passieren und von wem sie ausgehen.
- **Treffen Sie eine Vereinbarung.** Treffen Sie gemeinsam mit dem Klassenlehrer und Ihrem Kind eine Vereinbarung, wie bei erneuten Angriffen verfahren wird.
- **Fordern Sie Klassenregeln ein.** Fordern Sie die Schule zum Handeln auf. Bestehen Sie darauf, dass klare Regeln

nötig sind, um ein friedliches Zusammenleben zu ge-
währleisten. Achten Sie darauf, dass diese Regeln auch
eingehalten werden.

■ **Fordern Sie die Schule auf, aktiv zu werden.** Informieren Sie die Schulleitung und fordern Sie sie auf, entsprechende pädagogische Maßnahmen zu ergreifen. Der
Schule muss daran gelegen sein, dass sich alle Schülerinnen und Schüler wohlfühlen und eine angstfreie Lern-
atmosphäre vorfinden.

Was Eltern unbedingt vermeiden sollten

■ **Dem Kind die Schuld geben.** Suchen Sie nicht die
Schuld bei Ihrem Kind – es ist nicht schuld! Machen Sie
ihm immer wieder deutlich, dass Sie es nicht hinnehmen, dass es gemobbt wird.

■ **Mit den Eltern des Täters sprechen.** Vermeiden Sie Gespräche mit den Eltern der Täter. Diese bewirken oft
nichts und sind in vielen Fällen sogar kontraproduktiv.

■ **Mit dem Täter sprechen.** Es ist besser, Sie unterlassen
es, mit dem Täter zu reden. Häufig wird dadurch die
Position Ihres Kindes noch weiter geschwächt und noch
mehr Aggressivität ist die Folge.

■ **Das Kind zum Gespräch mit dem Lehrer mitnehmen.** Sprechen Sie allein mit dem Lehrer. Insbesondere
für jüngere Kinder ist es eine unnötige Belastung, wenn
sie als Mobbingopfer zum Lehrer-Eltern-Gespräch mitgenommen werden. Dabei können unnötige Schuldge-
fühle entstehen.

Mediensucht

„Spielen ist keine Kunst, aber aufhören."

Wolfram K., Leiter einer Suchtberatungsstelle in Hamburg

Handy, Fernseher, Computer, Internet und Spielekonsolen – in vielen Kinderzimmern nimmt die Anzahl der neuen Medien rasant zu. PC & Co sind heute fester Bestandteil im Leben von Kindern und Jugendlichen, und es grenzt fast schon an eine Katastrophe, wenn sie mal vorübergehend ausfallen.

Der besondere Reiz der neuen Medien ergibt sich aus der dauernden Verfügbarkeit und der tausend Möglichkeiten, virtuell zu spielen. Kinder und Jugendliche tauchen ein in eine unwirkliche Welt, in der sie **Sitzt Ihr Kind länger als drei Stunden am PC, ist die Mediensucht nicht fern.** beliebig Grenzen testen, mit Extremen spielen, anonym kommunizieren und erfolgreich sein können. Sie sind Helden – allerdings nur per Mausklick. Ärzte warnen: Wer täglich mehr als drei Stunden am Computer spielt, hat ein hohes Risiko, mediensüchtig zu werden. Doch es gibt Möglichkeiten, die Kinder zu schützen. Aber nicht, indem man ihnen den PC wegschließt. Viel besser ist diese Vorgehensweise: Schaffen Sie für Ihre Kinder eine reale Welt, die ihnen gefällt. Dann rutscht der PC wieder auf die Position, die er haben sollte: ein wichtiges Hilfsmittel für Schule und Freizeit, nicht mehr und nicht weniger. Und alle Suchtgefahren sind gebannt.

„In Computerspielen bin ich der Held!"

Christopher (13): Er geht in die 7. Klasse einer Realschule.

„Ich weiß nicht mehr, was ich machen soll. Der Junge hört mir doch schon lange gar nicht mehr richtig zu. Was hat er denn bloß? Und jetzt soll er noch von der Schule. Das darf nicht passieren!"

Susanne (42), eine kleine, drahtige Frau, sitzt mit hochrotem Kopf vor dem Schreibtisch des Schuldirektors. Nervös kratzt sie sich mit den Fingern immer wieder über die Handrücken, atmet schwer.

„Ich habe so entsetzliche Angst, dass mein Sohn das alles nicht verkraftet. Er war doch immer ein guter Schüler. Und jetzt sagen Sie mir, dass es besser ist, wenn er die Schule verlässt. Ich kann das nicht glauben. Sie können ihm doch noch eine Chance geben, bitte!"

Der Direktor lässt die aufgeregte Mutter erst in Ruhe aussprechen. Dann fragt er nach der Lebenssituation, in der Christopher aufwächst.

Was ist los mit Christopher?

Susanne erzählt offen, dass sie kein übliches Familienleben haben. Sie ist berufstätig. Jeden Nachmittag arbeitet sie als Aufsicht in einem Fitnessstudio. Ihr Mann Frank ist Ingenieur und im Auftrag einer Maschinenbaufirma oft wochenlang im Ausland unterwegs. Christopher ist nur auf dem Papier kein Einzelkind. Er hat zwar noch zwei Schwestern, doch die sind schon erwachsen und wohnen seit Jahren nicht mehr zu Hause.

„Christopher ist unser Nesthäkchen und er hat wirklich alles. Wir haben ein schönes Haus. Er hat das größte Zimmer und es fehlt ihm an nichts. Und wir fördern ihn. Das kön-

„Christopher hat wirklich alles, es fehlt ihm an nichts!"

nen Sie mir glauben", betont Susanne und dann zählt sie auf, dass er früher erfolgreich im Fußballverein gespielt hat, super Leistungen im Tischtennis hatte und sogar noch ein guter Tennisspieler war. Und stolz fügt sie hinzu: „Er hatte ja auch reichlich Privatstunden. Mein Mann verdient gut. Wir können uns das leisten."

Sie erzählt auch, dass Christopher früher ein guter Schüler war, und schwärmt regelrecht von den schönen Aufsätzen, die er in der Grundschule immer geschrieben hat.

Auch in den Klassen 5 und 6 an der Realschule brachte er noch ordentliche Leistungen mit nach Hause. „Er hatte nur Zweier und Dreier auf dem Zeugnis. Das war doch prima!", sagt sie. Erst in der 7. Klasse ging es auf einmal rasant bergab. „Er brachte eine Fünf nach der anderen nach Hause", erinnert sich Susanne. Ein eilig eingeschalteter Nachhilfelehrer konnte auch nicht helfen. Der Junge blieb sitzen.

Jetzt wiederholt er die 7. Klasse und es sieht düster aus. Christopher steht in fast allen Hauptfächern auf einer glatten Fünf. Das Halbjahreszeugnis wird katastrophal ausfallen. So wird er nicht versetzt werden und da er eine Klasse nicht zweimal wiederholen kann, bleibt nur der Wechsel auf die Hauptschule.

Susanne hält den Brief in der Hand, in dem ihr die Schule das mitgeteilt. Als sie ihn im Briefkasten fand, fühlte sie sich davon regelrecht überrumpelt. Deshalb hat sie sofort in der Schule angerufen und um einen Termin gebeten. Jetzt sitzt sie im Büro des Direktors.

Es klopft. Christophers Klassenlehrer ist da. Der Direktor hat ihn dazugebeten.

„Ich sehe überhaupt keinen Lernfortschritt bei Christopher", kommt er sofort zur Sache. „Und die Schularbeiten macht er nur sehr unregelmäßig. Ich habe mich ehrlich gesagt schon gewundert, dass Sie so spät kommen. Wir haben Ihnen doch schon mehrmals geschrieben und um ein Treffen gebeten."

Susanne sieht die beiden Lehrer jetzt verwundert an. „Die Hausaufgaben macht er nicht? Wieso? Ich frage ihn jeden Abend, ob er alles erledigt hat, und er hat mir das immer bestätigt. Welche Briefe soll ich denn bekommen haben? Wann haben Sie die denn geschickt?"

Wenig später liegen drei Briefe auf dem Besprechungstisch. In jedem steht, dass Christopher seine Hausaufgaben nicht erledigt. Abgeschickt sind sie im 14-tägigen Turnus. Susanne hat keinen davon bekommen. Doch, und das ist viel schlimmer, es steht ihre Unterschrift darunter!

„Ich habe diese Briefe noch nie gesehen!", sagt sie kopfschüttelnd und springt dann fassungslos auf. „Wissen Sie, ich glaube, ich weiß gar nicht, was hier überhaupt passiert. Wieso macht der Junge so etwas? Kümmere ich mich zu wenig? Kommt er nicht damit klar, dass er seinen Vater

„Kümmere ich mich zu wenig um ihn? Aber er ist doch kein Kleinkind mehr!"

so wenig sieht?" Als sie wieder ins Polster zurücksinkt, ist sie aschfahl. Sie wirkt nachdenklich. „Ob es daran liegt, dass ich arbeite? Zeitlich würde es ja passen. Seitdem ich in das Studio gehe, gehen seine Noten in den Keller. Aber Christopher ist doch kein Kleinkind mehr. Er braucht doch nicht ständig Betreuung. Oder doch?"

Und sie erinnert sich. Vor zwei Jahren kam Christopher auf die Realschule. Kurz darauf bekam sein Vater das Jobangebot, im Ausland zu arbeiten. Der Verdienst lockte. Die zeitweilige Trennung wollte die Familie dafür in Kauf nehmen. Doch Susanne, bis dahin Hausfrau, bekam Angst, zu viel allein zu sein. Sie wollte gern wieder in ihrem Beruf als Kauffrau arbeiten. Doch das sah schlecht aus. Sie war zu lange aus dem Job draußen. Als man ihr schließlich die Tätigkeit als Aufsicht in einem Fitnessstudio anbot, war sie begeistert. Gut, die Arbeitszeiten waren nicht besonders günstig für eine Mutter. Aber Christopher war in Susannes Augen aus dem Gröbsten heraus.

„Ich glaubte, Christopher sei groß genug. Bis heute arbeite ich in dem Studio. Ich mache ihm immer noch das Mittagessen und gehe mit ihm die Schularbeiten durch. Erst um 14 Uhr muss ich dann los. Hausaufgaben machen, sich verabreden, das kann er doch allein. Und wenn ich abends um 19 Uhr wieder zurück bin, habe ich ja noch ein bisschen Zeit für ihn."

Der Lehrer bohrt nach: „Das heißt, er ist jeden Nachmittag allein und Sie wissen nicht, was er macht? Sind Sie denn immer um 19 Uhr zurück? Oder wird es auch mal später?"

Susanne überlegt: „Ab und zu, wenn eine Kollegin krank ist, muss ich die Abendschicht übernehmen. Dann komme ich erst um zehn Uhr nach Hause. Aber das ist selten."

Der Klassenlehrer fragt weiter: „Was ist mit Sport? Er war doch ein guter Fußballspieler. Ich erinnere mich, dass er einmal ganz stolz in seinem Vereinstrikot in die Schule kam. Macht er das noch?"

Susanne schüttelt den Kopf. „Leider nein. Der Trainer hat mehrmals angerufen und gefragt, warum Christopher nicht mehr zum Training kommt. Aber Christopher hatte immer keine Lust. Ich weiß nicht, vielleicht ist da etwas vorgefallen? Tischtennis und Tennis spielt er auch nur noch selten. Eigentlich schade! Aber ich kann ihn auch nicht zwingen. Sport ist doch Freizeitbeschäftigung. Die soll Spaß machen. Was glauben Sie denn, was nicht stimmt?"

Ist Christopher mediensüchtig?

Der Lehrer hört sich alles geduldig an. Dann sagt er leise: „Wissen Sie, ich habe da einen Verdacht. Christopher steht in fast allen Fächern sehr schlecht. Bis auf Informatik. Da ist er großartig. Er kennt sich perfekt aus, ist schnell und reaktionssicher. Und: Er wirkt am PC jedes Mal hellwach. So, als sei in ihm ein Schalter

Am Unterricht nimmt er nicht teil, nur am PC ist er hellwach.

umgelegt. Das ist überhaupt nicht vergleichbar mit seinem Verhalten im Unterricht. Da hat man den Eindruck, er nimmt überhaupt nicht teil. Er sitzt auf seinem Platz und wirkt wie abgeschaltet. Sie sollten mal überprüfen, was der

Junge eigentlich in seinem Zimmer macht. Spielt er sehr viel an seinem PC? Ist er technisch gut ausgestattet?"

Susanne zählt auf, welche Geräte in Christophers Zimmer stehen. Der Junge hat einen eigenen Fernseher, eine moderne Video-Spielekonsole, einen PC, diverse Spiele und natürlich ein Handy. Und er sitzt viel am PC. „Aber das machen doch alle Kinder. Er spielt diese Kampfspiele. Ich habe aber gelesen, das trainiert die Reaktionsfähigkeit. Das ist doch gut, wenn Kinder das üben."

Susanne hat recht. Untersuchungen haben belegt, dass PC-Spiele das Reaktionsvermögen von Kindern trainieren können. Aber entscheidend ist, wie lange die Kinder am PC auf die Jagd gehen. Wer übertreibt, kann sich mit PC-Spielen schwer schaden, sogar süchtig danach werden.

Susanne kann sich das nicht vorstellen. Sie sieht auch keinen Zusammenhang mit Christophers schlechten Noten.

Damit ist sie keine Ausnahme. So wie Susanne geht es Millionen Eltern in Deutschland. Immer mehr Kinder und Jugendliche sind abhängig von Computerspielen oder Internetchats. Die Gefahren, die davon ausgehen, werden von Eltern unterschätzt.

Studien haben ergeben, dass sich etwa 9 Prozent der 15-Jährigen in Deutschland extrem dem Computerspiel hingeben, das heißt mehr als 4,8 Stunden am Tag vor dem PC verbringen und damit als suchtgefährdet gelten. Zudem weisen etwa 5 Prozent der Teenager Symptome auf, die typisch für eine Sucht sind (mehr zu den Symptomen später in diesem Kapitel).

Zahlen, die aufhorchen lassen sollten. Aber vielen Eltern ist nicht einmal bewusst, dass sie es sind, die ihre Kinder zu potenziell Mediensüchtigen heranziehen.

So haben 7 Prozent der Dreijährigen schon einen eigenen Fernseher in ihrem Zimmer. Mit 6 bis 7 Jahren sind es dann bereits 21 Prozent und mit 12 und 13 Jahren sogar 56 Prozent.

Vernetzt sind 98 Prozent der Jugendlichen zwischen 11 und 14 Jahren. Jedes Kind hat im Schnitt drei PC-Spiele. 3 bis 6 Prozent der Kinder nutzen sie exzessiv, das heißt, mehr als vier Stunden täglich, und gelten damit als extrem suchtgefährdet.

Das Kuriose dabei ist: Die Spiele kommen von den Eltern selbst. Sie werden kritiklos an die Kinder verschenkt. Kaum einem Erwachsenen ist bewusst, dass diese Spiele häufig ein hohes Suchtpotenzial aufweisen.

Ebenso wissen wenige Eltern, was sich hinter den virtuellen Welten wie „World of Warcraft" oder „Second Life" verbirgt. Die Altersangaben sind

Die PC-Spiele, die Kinder süchtig machen, haben die Eltern ihnen selbst geschenkt.

längst als unzuverlässig enttarnt. Zugegriffen wird trotzdem. Mit dem Erfolg, dass Millionen von Kindern in Deutschland den Medien schutzlos ausgeliefert sind.

Auch Susanne ist sich all dieser Gefahren nicht bewusst. Erst der drohende Schulwechsel macht sie sensibel für das Thema. Nach dem Schulgespräch ruft sie sofort ihren Mann in Frankreich an. Er kommt am nächsten Wochenende nach Hause.

Als er da ist, sprechen sie gemeinsam mit Christopher, ruhig, besorgt, sehr fürsorglich. Und Christopher gibt zu, dass er die meisten Nachmittage vor dem PC verbracht und gespielt hat. Dabei ist er oft so fasziniert gewesen, dass er die Hausaufgaben schlichtweg vergessen hat.

Die Briefe hat Christopher aus Angst vor Konsequenzen abgefangen und die Unterschrift schließlich darunter gefälscht. Er hatte tatsächlich mehr Sorge, dass man ihm den PC wegnimmt, als Angst vor dem Donnerwetter, wenn die Fälschung auffliegt.

Durch geschickte Fragen der Eltern kommt aber noch mehr heraus: Christopher hat nicht nur jeden Nachmittag vor dem Bildschirm gesessen, er hat auch die Nächte heimlich durchgespielt. Während Susanne ruhig schlief, hat er sich in die virtuelle Kampfwelt begeben. Kein Wunder, dass er sich dann nach manchmal nur zwei, drei Stunden Schlaf in der Schule nicht mehr konzentrieren konnte.

Susanne ist geschockt von diesen Informationen. „Ich war fassungslos. Ich dachte, ich wüsste alles über mein Kind. Aber ich wusste nichts. Er hat sich heimlich in eine Scheinwelt verabschiedet und ich hatte keinen blassen Schimmer davon. Wäre er in der Schule nicht so abgesackt – ich hätte nichts von alldem mitbekommen!"

Dabei zeigen Medienabhängige Symptome, die Eltern bei genauer Beobachtung erkennen können:

- Das Kind verliert die Kontrolle über die Zeit, die es für das Computerspiel aufwendet.
- Die Zeiten der PC-Nutzung steigen unaufhörlich.

- Das Kind ist häufiger müde und schläft zu wenig.
- Es vernachlässigt soziale Kontakte und zieht sich aus den Aktivitäten der Familie und des Freundeskreises immer mehr zurück.
- Das Kind vernachlässigt Hobbys und die Schule.
- Probleme in der Schule nehmen zu: Leistungsabfall, Verspätungen, Desinteresse.
- Das Kind wird apathisch, aggressiv und zeigt depressive Merkmale.
- Wenn es nicht an den PC darf, treten Entzugserscheinungen auf. Unruhe, Nervosität, Unzufriedenheit, Gereiztheit und Aggressivität bestimmen das Wesen.
- Das Kind nimmt die Mahlzeiten nur noch „nebenbei" ein.

So kann man Christopher helfen!

Susanne gesteht sich die bittere Wahrheit ein: „Ich war zu sehr mit mir und meinen eigenen Problemen beschäftigt und hatte kein Auge mehr für mein Kind!"

Aber sie weiß, dass sie jetzt dringend etwas ändern muss. Zum Glück ist sie finanziell durch das gute Einkommen ihres Mannes in der Lage, sofort ihren Arbeitsplatz zu kündigen. Wenn sie möchte, kann sie ja immer noch eine Halbtagsstelle suchen, wo sie nur an den Vormittagen arbeiten muss. Denn nachmittags will sie auf jeden Fall zu Hause sein und wissen, was ihr Sohn dann macht. Als erste Maßnahme reduziert sie Christophers Medienkonsum auf eine Stunde täglich.

Doch sie will mehr wissen und sucht zeitgleich Hilfe in einer Erziehungsberatungsstelle. Von dem Fachmann lernt Susanne viel.

„Ich habe mich erst einmal durch den Dschungel der PC-Welt führen lassen", erzählt sie. „Es gab dazu ein Seminar für Eltern, an dem ich zwei Abende teilgenommen habe. Das hat mir die Augen geöffnet."

Denn Susanne geht es wie vielen Eltern: Sie hat keine Ahnung, was Kinder eigentlich am PC spielen. Sie kann deshalb auch gar nicht wissen, wie sie Christophers Medienkonsum künftig klug steuern soll. Durch mehr Wissen fühlt sie sich sicherer. Sie kann argumentieren, ihrem Sohn Dinge zum richtigen Umgang mit PC-Spielen oder dem Internet erklären: „Das ist mir wichtig."

Viele Eltern haben keine Ahnung, was ihre Kinder am PC spielen.

Sie erfährt auch, was die Faszination der PC-Spiele eigentlich ausmacht. Es ist der Reiz der Scheinwelt, in die die Kinder, überwiegend Jungen, gern abtauchen. Süchtig macht der Erfolg, den die Spiele vermitteln. Mit jeder Aufgabe, die die Spieler meistern, und je länger sie spielen, desto stärker wird die Figur, in deren Rolle sie schlüpfen. Sie bekommt bessere Waffen, ein höheres Ansehen, mehr Geld.

„Ich will im PC-Spiel immer mehr erreichen", bestätigt Christopher seiner Mutter im Gespräch. „Ich will weiterkommen, immer an der Spitze sein. Ich fühle mich richtig high, bin erfolgreich und stolz auf das, was ich geleistet habe. Ich bin schon ehrgeizig, aber eben nur im Spiel."

Susanne lernt in der Beratungsstelle auch, sich klug zu verhalten. Der erste Schritt ist ein Perspektivwechsel.

Es bringt nichts, ständig zu rufen: „Mach die Kiste aus!" Darauf reagieren Kinder trotzig. Besser ist es, sich für das Thema zu interessieren – „Zeig mir doch mal, was du spielst" –, und auch, es selbst einmal auszuprobieren. Reaktionen wie „Das macht ja wirklich Spaß" oder „Meine Güte, bist du flink in der Handhabung. Ich schlage dich nie!" fördern die Bereitschaft des Kindes, sich später auch mit den Ermahnungen der Eltern auseinanderzusetzen.

Bekunden Sie Interesse: „Zeig mir doch mal, was du spielst!"

Susanne setzt das Erlernte um. So positioniert, baut sie innerhalb der nächsten Wochen nach und nach wieder ein Vertrauensverhältnis zu ihrem Sohn auf. Christopher taut zunehmend auf und vertraut sich seiner Mutter immer mehr an, indem er ihr von seinen Gefühlen berichtet: „Ich habe mich oft unsicher und allein gefühlt, besonders wenn das Haus leer war. Papa war sowieso weit weg und du bei der Arbeit. Klar war ich traurig. Da hat mich eben der Computer getröstet. Anfangs wollte ich mich nur ablenken, später hat es mir aber auch immer mehr Spaß gemacht. Im Spiel war ich endlich groß, mächtig, wichtig. In diesem anderen Leben bin all das, was ich in der Wirklichkeit nicht bin: erfolgreich, gut, anerkannt. Im Computerspiel bin ich der Held!" Sätze, die Susanne aufrütteln. Sie erkennt, dass ihr Sohn sich am Bildschirm regelrecht in eine andere Welt, ein anderes Leben geträumt hat.

Das rät der Experte

Wie Christopher schieben die Spieler die Wirklichkeit zur Seite und sinken immer tiefer und tiefer in das Spiel hinein. Zumal sich die Wirklichkeit ja auch parallel dazu negativ verändert. In der Schule hagelt es Misserfolge, Freunde ziehen sich zurück, weil sie nicht immer mit vor dem PC hocken wollen. Im Sport kommt man nicht mit, wenn man zehn Stunden am Tag vor dem Bildschirm sitzt. Die Umwelt wendet sich ab. Die Familie meckert. In der kurzen Zeit, die jemand im Haus ist, gibt es noch Stress. Also macht man die Tür zu, den PC an und genießt es, wieder abzutauchen in die Scheinwelt.

Lehrer und Erzieher raten Eltern, ihren Kindern zu zeigen, dass die reale Welt auch interessant und aufregend sein kann. Sie können Ausflüge machen, den Kontakt zu Freunden fördern, die Kinder in Sportvereinen anmelden. Ein Kind, das Spaß daran hat, in der Realität unterwegs zu sein, wird nicht **Hinter jeder Sucht steckt eine Sehnsucht.** süchtig. Erfolg im Sport, Erfolg in der Schule, Anerkennung im Freundeskreis – das macht stark. Stark genug, niemals süchtig zu werden. Gefährdet sind die Depressiven, die zu wenig Bindung haben, man kann auch sagen, zu wenig Liebe erfahren haben. Hinter jeder Sucht steckt eine Sehnsucht. Auch hier ist es die Sehnsucht nach Liebe aus der Familie.

Susanne hat aus den Schocknachrichten gelernt und dem Alltag eine Wende gegeben. Ihr Mann ist jetzt mindestens alle zwei Wochen tageweise zu Hause. Eine Zeit, die dann dem Jungen gehört. „Mein Mann spielt neuerdings Tennis. Christopher liebt es, seinen Vater vom Platz zu fegen. Er ist ihm natürlich haushoch überlegen."

Fußball spielt Christopher wieder regelmäßig. Susanne hat den Trainer angerufen und ihn gebeten, die Spielzeiten des Jungen, soweit es möglich ist, auszuweiten. Christopher soll sich gebraucht fühlen.

Aber auch die Schule hat sie eingebunden. Christopher muss ein Hausaufgabenheft führen, das sowohl von den Lehrern als auch von Susanne kontrolliert wird. Abends darf der Junge eine Stunde an den PC. Wenn er sich schlafen legt, stellt Susanne einen Kontrollschalter an, der blinkt, wenn Christopher seinen PC einschaltet.

„Alles ist aber erst nach einem langen Gespräch mit Christopher passiert. Ich wollte nicht gegen ihn handeln, sondern mit seinem Einverständnis. Er sollte einsehen, dass ihm die Computerzeiten nicht guttun. Das ist passiert. Ich hatte das Gefühl, dass er ganz froh war, dass jetzt wieder jemand auf ihn aufpasst."

Darüber hinaus hat sich die Schule noch einen besonderen Clou für den Jungen überlegt. Christopher ist als Informatikass neuerdings damit betraut, die Schulwebseite zu pflegen und regelmäßig zu aktualisieren. Einmal die Woche muss er deshalb zu seinem Direktor und sich von ihm die neuesten Datensätze geben lassen. „Darauf ist Christopher total stolz. Er sitzt stundenlang an der Arbeit und hat sich vom Direktor auch schon ein dickes Lob verdient", berichtet Susanne.

Übrigens steht ein Wechsel auf die Hauptschule nicht mehr an. Christopher hat sich in zwei Fächern auf eine Vier gehangelt und die Versetzung gepackt. Das neue Schuljahr ist ungewöhnlich prima angelaufen. „Er hat sich total gebessert. Wenn das so weitergeht, will er sogar nach der Realschule das Abitur machen. Ein Informatikstudium ist sein Traum", sagt Susanne. „Das Zeug dazu hat er!", meint sein Lehrer.

Der Suchttest: Ist Ihr Kind onlinesüchtig?

Bitte kreuzen Sie bei jeder Frage nur ein Antwortkästchen an und addieren Sie am Schluss die jeweiligen Punktwerte.

trifft nicht oder kaum zu	1 Punkt
manchmal	2 Punkte
häufig	3 Punkte
sehr oft	4 Punkte
immer	5 Punkte

1. Überschreitet Ihr Kind das von Ihnen vorgegebene Zeitlimit für die PC-Nutzung?
   - ☐ trifft nicht oder kaum zu
   - ☐ manchmal
   - ☐ häufig
   - ☐ sehr oft
   - ☐ immer

2. Vernachlässigt Ihr Kind Arbeiten im Haushalt, um mehr Zeit am PC verbringen zu können?
   - ☐ trifft nicht oder kaum zu
   - ☐ manchmal
   - ☐ häufig
   - ☐ sehr oft
   - ☐ immer

3. Verbringt Ihr Kind die Zeit lieber in seinem Zimmer online am PC als mit dem Rest der Familie?
   - ☐ trifft nicht oder kaum zu
   - ☐ manchmal
   - ☐ häufig
   - ☐ sehr oft
   - ☐ immer

4. Knüpft Ihr Kind über das Internet Kontakte mit anderen Internetbenutzern?
   - ☐ trifft nicht oder kaum zu
   - ☐ manchmal
   - ☐ häufig
   - ☐ sehr oft
   - ☐ immer

5. Beklagen Sie sich darüber, dass Ihr Kind so viel Zeit online verbringt?
   - ☐ trifft nicht oder kaum zu
   - ☐ manchmal
   - ☐ häufig
   - ☐ sehr oft
   - ☐ immer

6. Reagiert Ihr Kind verschlossen oder sogar abweisend, wenn Sie es darauf ansprechen, was es im Internet tut?
   - ☐ trifft nicht oder kaum zu
   - ☐ manchmal
   - ☐ häufig
   - ☐ sehr oft
   - ☐ immer

7. Haben Sie Ihr Kind bereits unerlaubt beim Surfen im Internet erwischt?
   - ☐ trifft nicht oder kaum zu
   - ☐ manchmal
   - ☐ häufig
   - ☐ sehr oft
   - ☐ immer

8. Verbringt Ihr Kind täglich mehr als zwei Stunden alleine in seinem Zimmer, um am Computer zu spielen?
   - ☐ trifft nicht oder kaum zu
   - ☐ manchmal
   - ☐ häufig
   - ☐ sehr oft
   - ☐ immer

9. Reagiert Ihr Kind verärgert, wenn es beim Surfen im Internet gestört wird?
   - ☐ trifft nicht oder kaum zu
   - ☐ manchmal
   - ☐ häufig
   - ☐ sehr oft
   - ☐ immer

10. Ist Ihr Kind, nachdem es im Internet war, müder oder erschöpfter als vorher?
    - ☐ trifft nicht oder kaum zu
    - ☐ manchmal
    - ☐ häufig
    - ☐ sehr oft
    - ☐ immer

11. Gibt es mit Ihrem Kind Auseinandersetzungen über das Ausmaß der Zeit, die es online sein darf?
    - ☐ trifft nicht oder kaum zu
    - ☐ manchmal
    - ☐ häufig
    - ☐ sehr oft
    - ☐ immer

12. Verbringt Ihr Kind mehr Zeit online als mit Hobbys und/oder anderen Aktivitäten?
    - ☐ trifft nicht oder kaum zu
    - ☐ manchmal
    - ☐ häufig
    - ☐ sehr oft
    - ☐ immer

13. Reagiert Ihr Kind verärgert, wenn Sie ihm Vorschriften machen, wie lange es online sein darf?
    - ☐ trifft nicht oder kaum zu
    - ☐ manchmal
    - ☐ häufig
    - ☐ sehr oft
    - ☐ immer

14. Ist Ihr Kind lieber online als mit Freunden zusammen?
- ☐ trifft nicht oder kaum zu
- ☐ manchmal
- ☐ häufig
- ☐ sehr oft
- ☐ immer

15. Bessert sich die Stimmung Ihres Kindes, wenn es wieder online gehen kann?
- ☐ trifft nicht oder kaum zu
- ☐ manchmal
- ☐ häufig
- ☐ sehr oft
- ☐ immer

Ergebnis: _____ Punkte

Testauswertung

15–39 Punkte: Ihr Kind nutzt das Internet in einem vertretbaren Zeitrahmen. Es besteht keine besondere Gefährdung.

40–59 Punkte: Ihr Kind würde seine Aufgaben in Schule und Alltag problemloser meistern, wenn der Internetkonsum eingeschränkt und künftig besser kontrolliert würde. Einigen Sie sich auf feste PC-Zeiten und entsprechende Kontrollen, die unbedingt eingehalten werden müssen.

60–75 Punkte: Die Internetnutzung bringt weitreichende Probleme in das Leben Ihres Kindes und beeinflusst bereits die Abläufe in Ihrer Familie. Sie sollten dieses Problem dringend lösen. Ein Gespräch mit dem Kind ist als Erstes erforderlich, aber auch Hilfe von außen ist angemessen. Verlieren Sie keine Zeit!

Was Eltern tun können

1. Fernsehen

■ **Kein TV im Kinderzimmer.** Verbannen Sie den Fernseh-apparat aus dem Kinderzimmer beziehungsweise sorgen Sie dafür, dass das Kind keinen eigenen bekommt.

■ **Nur ausgewählte Sendungen.** Erlauben Sie Ihrem Kind nur altersgerechte Sendungen.

■ **Kontrolle.** Prüfen Sie regelmäßig, was das Kind ansieht.

■ **Zeitlimit.** Lassen Sie 9- bis 11-Jährige maximal 8 Stunden wöchentlich, 12- bis 14-Jährige maximal 12 Stunden wöchentlich fernsehen.

2. Computerspiele

■ **Altersbegrenzung.** Beachten Sie unbedingt die Alters-angaben.

■ **Mitspielen.** Spielen Sie das neue Spiel wenigstens in Sequenzen gemeinsam.

■ **Zeitlimit.** Begrenzen Sie die Spieldauer auf eine bestimmte Anzahl von Wochenstunden; mehr als zehn sollten es nicht sein.

3. Internet

■ **Kinderschutz.** Schirmen Sie jugendgefährdende Inhalte mit spezieller Filtersoftware ab.

■ **Regeln.** Vereinbaren Sie mit Ihrem Kind Regeln. Beispiel: „Keine persönlichen Angaben und Fotos versenden" oder „Bei unangenehmen Ereignissen sofort Vater oder Mutter benachrichtigen."

- **Kontrolle.** Versuchen Sie einmal im Monat die Internetaktivitäten im PC zu überprüfen. Gehen Sie auf die Websites von Kontaktbörsen wie Facebook oder SchülerVZ und lesen Sie dort die Einträge Ihres Kindes. Stellen Sie dabei fest, dass es sich falsch verhalten hat, sprechen Sie mit Ihrem Kind darüber.

4. Handy

- **Das richtige Handy.** Kinder sollten frühestens mit 9 Jahren ein eigenes Handy haben. Es sollte ein Notfallhandy sein, mit dem nur festgelegte Nummern angerufen werden können.
- **Kostenkontrolle.** Geben Sie Ihrem Kind eine Prepaidkarte für das Handy, damit die Kosten überschaubar bleiben.
- **Richtiges Verhalten.** Impfen Sie Ihrem Kind ein, nie auf Anrufe oder SMS von unbekannten Nummern zu reagieren.

||| Der Extratipp

Eltern sollten sich frühzeitig für die Computeraktivitäten ihrer Kinder interessieren. Jüngere sind anfälliger als ältere Kinder, eine Mediensucht zu entwickeln. Besonders gefährdet sind Jungen im Alter zwischen 14 und 18 Jahren. Es ist wichtig, dass Eltern stets auf dem aktuellen Stand der Informations- und Kommunikationstechnologie sind, um mitreden zu können.

Aggressivität und Gewalt

„Gewalt ist die Waffe des Schwachen."   Mahatma Gandhi

Wer die Nachrichten verfolgt, hört und liest immer häufiger von Gewalt und Kriminalität in Schulen, in der Öffentlichkeit, aber auch im häuslichen Umfeld. Insbesondere die spektakulären Ereignisse in Brennpunktschulen deutscher Großstädte haben Eltern aufgerüttelt. Statistiken zeigen, dass am häufigsten Grund- und Hauptschulen betroffen sind. Warum sind unsere Kinder bloß so aggressiv?

Die Ursachen sind vielfältig. Nachweisbar ist, dass aggressive Kinder mehrheitlich ein familiäres Umfeld haben, in dem Gewalt an der Tagesordnung ist. Dazu prägen die Medien und die Straße.

In der Schule entsteht aggressives Verhalten häufig aus wiederholten Misserfolgserlebnissen, mangelnder Anerkennung und dem sich daraus entwickelnden geringen Selbstwertgefühl. Zudem sind aggressive Kinder oft unzureichend geübt, Konflikte friedlich zu lösen. Viele von ihnen haben nicht gelernt, sich an Regeln zu halten. Psychologen ordnen Aggressivität schwachen Persönlichkeiten zu, selten starken. Hier gilt es anzusetzen. Wer sein Kind stärkt, hilft ihm, mit Argumenten zu streiten und nicht mit Fäusten. Aber Eile ist geboten: Aggressive Kinder erfahren schnell Ablehnung, was dazu führt, dass sie sich ausgegrenzt fühlen, keine Leis-

Starke Kinder streiten mit Argumenten und nicht mit Fäusten.

tung mehr bringen und in der Schule versagen. Oft lässt sich dann der Sog der Abwärtsspirale nicht mehr stoppen.

„Ich mache alles platt, was sich mir in den Weg stellt!"

Paul (14): Er geht in die 7. Klasse einer Realschule.

„Bitte melden Sie sich im Sekretariat der Schule und sprechen Sie einen Termin mit dem Klassenlehrer Ihres Sohnes ab!" Verena (47) zittern die Hände, als sie den Brief der Schule liest. Sie schließt die Augen und murmelt leise: „Das darf doch nicht wahr sein!"

Die Mutter will nicht glauben, dass es schon wieder Ärger mit ihrem Sohn gibt. Es ist doch gerade erst zwei Wochen her, dass sie in die Schule zitiert worden war. Pauls Klassenlehrer hatte sie sprechen wollen.

Was sie zu hören bekam, machte sie sprachlos: Paul hatte sich mit einem gleichaltrigen Jungen aus der Parallelklasse auf dem Schulhof geprügelt. Und das Schlimmste: Als der andere Junge schon auf dem Boden lag, hat Paul noch einmal nachgetreten. Die Pausenaufsicht, ein älterer, erfahrener Lehrer, hat das mit eigenen Augen gesehen. Paul wurde sofort zum Direktor geschickt. Der griff entschlossen durch. Als Erstes musste er sich vor den anderen bei seinem Mitschüler entschuldigen.

Als der andere am Boden liegt, tritt Paul noch nach.

Zudem bekam er eine saftige Strafe aufgebrummt: Zwei Wochen lang musste er nach Schulschluss dem Hausmeister helfen, täglich ein bis zwei Stunden. Erst seit einer Woche ist er wieder zur normalen Zeit nach Hause gekommen.

Und jetzt das! Was hat er bloß dieses Mal wieder angestellt? Verena macht sich Sorgen. Seit zwei Jahren kommt sie mit ihrem Jungen nicht mehr zurecht. Sie hat Angst, dass er die Schule verlassen muss und danach vielleicht abrutscht. Was ist, wenn er gar keinen Schulabschluss schafft? Gerät er dann, ohne Perspektive, auf die schiefe Bahn? Verena denkt bereits an die ganz große Katastrophe. Sie ist am Ende ihrer Kraft. Und sie macht sich Vorwürfe, die negative Entwicklung ihres einzigen Sohnes mitverursacht zu haben. Denn sie hat ihn gezwungen, mit ihr umzuziehen, und ihn damit aus seiner gewohnten Umgebung gerissen, in der er sich sichtbar wohlgefühlt hat.

Was ist los mit Paul?

Verena und Paul haben in der Nähe von Görlitz auf einem kleinen Dorf gewohnt. Verena hat nur kurz mit Pauls Vater zusammengelebt. Als der Junge 2 Jahre alt war, ist sie mit ihm zurück zu ihren Eltern auf deren Bauernhof gezogen. Paul ist immer ein lieber, unauffälliger Junge gewesen. Streitigkeiten ging er aus dem Weg. Sein Freundeskreis war klein. Nach der Schule war er am liebsten mit seinen Großeltern auf dem kleinen Hof.

Doch in der Gegend konnte Verena keine Arbeit finden. Nach Jahren, in denen sie sich von einem Ein-Euro-Job zum nächsten gehangelt hat, wollte sie sich endlich etwas aufbauen, für sich und Paul Sicherheit schaffen. Sie hat eine Umschulung zur Altenpflegerin gemacht und sich mit dem Examen in der Tasche im ganzen Bundesgebiet beworben.

Im niedersächsischen Lüneburg bekam sie eine Stelle in einem Altenheim.

Sie hat sofort zugesagt. Anfangs ist sie am Wochenende noch gependelt. Paul blieb bei den Großeltern.

Kurz darauf lernte sie über eine Internetseite ihren neuen Partner kennen. Lutz, drei Jahre älter, Tischler, alleinstehend. Es war eine Blitzliebe, und als sie mit dem sympathischen Mann in das gepflegte Reihenhaus zog, glaubte sie sich endlich am Ziel ihrer Wünsche.

Sie holte den Jungen nach und hatte jetzt alles, was sie sich immer gewünscht hatte: eine Familie, Arbeit, ein schönes Heim.

Es hätte perfekt sein können, wenn Verena nicht vor eineinhalb Jahren in den Schichtdienst gekommen wäre. Aber sie musste sich fügen und ist seitdem an drei Tagen in der Woche erst um 21 Uhr zurück, das heißt, sie ist nicht da, **Paul ist fast fünf Stunden am Tag alleine.** wenn Paul aus der Schule nach Hause kommt. Lutz kommt auch erst um 18 Uhr von der Arbeit. Er kümmert sich dann liebevoll um den Jungen, kontrolliert die Hausaufgaben, bereitet das Abendessen zu und fragt interessiert nach der Schule. Das ändert aber nichts daran, dass Paul fast fünf Stunden täglich allein ist.

„Ich glaube, das ist der Fehler", sagte Verena auch offen, als sie zum ersten Mal nach einem Jahr in die Schule musste. Paul ging damals in die 7. Klasse der Realschule. Es war klar, dass er die Versetzung in die 8. Klasse nicht schaffen würde. Seine Noten waren durchgehend schlecht. Er machte nur unregelmäßig Hausaufgaben. Im Unterricht störte er, weil er längst den Anschluss verpasst hatte und sich langweilte.

Verena glaubt, dass Paul zu viel allein ist. Aber sie weiß nicht, wie sie das ändern soll. Sie braucht die Arbeitsstelle. Natürlich hat sie sich um eine Alternative bemüht, bei der sie halbtags arbeiten kann. Aber sie hat nichts bekommen. Kündigen kann sie auch nicht. „Lutz verdient nicht genug für uns drei. Ich kann nicht einfach zu Hause bleiben. Wovon wollen wir dann leben?", hat sie Paul erklärt und an ihn appelliert, dass sie zusammenhalten und gemeinsam das Leben meistern müssen.

Er soll die 7. Klasse wiederholen, aber künftig seine Schularbeiten regelmäßig machen. Das soll Paul ihr hoch und heilig in die Hand versprechen. Darauf will Verena sich verlassen können.

Paul wirkt vernünftig. Er verspricht seiner Mutter, sich künftig mehr Mühe in der Schule zu geben und die Hausaufgaben verlässlich zu erledigen. Das Problem scheint gelöst.

Wirklich? Natürlich nicht. Denn Paul möchte sich vielleicht an die Absprache halten, aber er schafft es nicht, zumindest nicht allein.

Er geht jetzt zum Taekwondo und zum Kickboxen. Das macht ihm Spaß. Er ist ein kräftiger Junge und wird für seine Schnelligkeit von den anderen Vereinsmitgliedern bewundert. Diese Aufmerksamkeit tut ihm gut. Oft geht er gleich nach der Schule in das Sportzentrum und kommt erst abends gegen 19 Uhr zurück nach Hause.

Die Schularbeiten? Ja, die bleiben liegen. „Wir hatten keine auf!", sagt er Lutz oder seiner Mutter und beide sind abends nach der Arbeit viel zu müde, um noch lange nachzuhaken. Sie glauben ihm.

Als Verena ihren Sohn eines Nachmittags zufällig in der Stadt sieht, ist sie entsetzt, mit welchen Freunden er rumhängt. „Das waren richtig schlimme Typen. Alle älter als Paul und richtig ungezogen. Ich habe Angst um meinen Jungen bekommen."

Und Verenas Gefühl trügt nicht. Paul bringt immer schlechtere Noten mit nach Hause. Wenn er sich nicht gehörig Mühe gibt, wird er auch jetzt nicht versetzt werden und damit von der Schule müssen. Und was soll dann aus dem Jungen werden?

„Versuchen Sie, das Ruder noch einmal herumzureißen", rät der Lehrer. „Für ein Kind ist ein Schulwechsel immer mit Verlusten verbunden. Es ist für ihn eine herbe Niederlage, aus dem gewohnten Umfeld gerissen zu werden. Das Selbstbewusstsein wird beschädigt und in der neuen Umgebung fühlt sich das Kind allein und einsam. Ohne verlässliche Starthilfe geht das nicht und die können Sie doch gar nicht leisten. Das heißt, es wird alles nur noch schlimmer", warnt sie der Lehrer.

Ein Schulwechsel ist für ein Kind immer mit Verlusten verbunden.

Verena spricht zu Hause eindringlich mit Paul. Er soll gegen das Sitzenbleiben kämpfen. Sie will ihn unterstützen, zumindest abends und am Wochenende. Paul hört zu, nickt. „Er hat es verstanden", versichert sie Lutz.

Und jetzt diese Ernüchterung! Erst die Schlägerei mit einem Schwächeren; jetzt der Brief der Schule. Wie soll es bloß weitergehen?

Am nächsten Morgen sitzt Verena im Büro des Schuldirektors. Dessen Botschaft ist deutlich: Wenn sich nicht umgehend etwas ändert, läuft es darauf hinaus, dass Paul die Schule verlassen muss.

Verena hat das geahnt. Aber sie will nicht aufgeben. Und sie fordert jetzt energisch die Hilfe der Schule ein, sagt deutlich: „Wenn jetzt nicht jemand eingreift, droht mein Sohn unterzugehen, vermutlich nicht nur schulisch. Er braucht wirklich Hilfe!"

Warum ist Paul aggressiv?

Paul ist im Kern ein liebes und leicht zu führendes Kind. Ein Junge, der seine Großeltern auch heute noch bei jedem Besuch in der alten Heimat unterstützt und sich aufopferungsvoll um die Tiere auf dem Hof kümmert. Er liebt die Natur, düst gern mit dem Traktor über die Feldwege und betreut noch zwei ältere Leute in der Nachbarschaft, hilft ihnen beim Einkaufen oder wenn sie Unterstützung bei schwerer Arbeit brauchen.

> **Im Kern ist Paul ein liebes, hilfsbereites und auch leicht zu führendes Kind.**

In der Grundschule war alles problemlos. Die Sorgen begannen erst mit dem Umzug nach Niedersachsen. Die städtische Umgebung, der Verlust der Vertrautheit, all das war zu viel für ihn. Paul war überfordert. Andere Kinder haben ihn wegen seines Dialekts gehänselt, einige haben sich über sein Aussehen lustig gemacht. Das hat ihn getroffen. Und Verena hat ihm zu wenig helfen können. Da war die Arbeit, die sie brauchte, der Wunsch, aus dem Leben etwas zu machen. Mal verreisen zu können, das wollte sie doch Paul auch mal bieten können.

Er ist ein ganz normaler Junge, der einfach in der neuen Umgebung nicht zurechtkommt. Er leidet darunter, dass er die Großeltern nicht mehr sieht, und versucht all das zu überspielen, indem er sich cool und lässig gibt.

Und dann schildert Verena, wie lieb er zu Hause ist. Da ist sein Meerschweinchen Oscar, das er liebevoll und zuverlässig betreut. Da ist Lutz, dem er immer bei der Autoreparatur hilft. Aber sowohl Lutz als auch ihr fehlt wohl die Zeit, sich ausreichend mit dem Jungen zu beschäftigen. Und jetzt muss er die Rechnung dafür bezahlen.

Verena schämt sich. Sie bemüht sich auch schon um eine andere Arbeit. Aber bis es so weit ist, kann es ja schon zu spät sein. Und was dann?

So kann man Paul helfen!

Der Direktor hört aufmerksam und geduldig zu. Dann nickt er verständnisvoll. Er verlässt kurz das Büro und kommt mit einem anderen Lehrer zurück. „Das ist Herr Lehmann, unser Vertrauenslehrer. Er betreut das Projekt Streitschlichter an unserer Schule. Ich habe nämlich die Idee, den Bock zum Gärtner zu machen", betont er schmunzelnd und hellt damit die Stimmung etwas auf.

Und dann erklärt der Vertrauenslehrer, was die Schule mit Paul vorhat: Sie möchten ihn zum Streitschlichter schulen. Denn Paul ist durch seine stattliche Größe, den durch den Sport trainierten Körper und sein betont lautes Auftreten schon rein äußerlich ein Junge, auf den andere schnell hören. Nur nutzt er sein Potenzial nicht richtig. Im fehlt die innere Sicherheit, um als Leitfigur angenommen zu werden. Er ist unsicher und ängstlich und versucht, das mit sinnlosem aggressivem Auftreten zu überspielen.

Manchmal ist es sinnvoll, den Bock zum Gärtner zu machen.

Die Ursache ist für den Vertrauenslehrer klar. Er glaubt: „Paul fühlt sich verloren. Frustration und Resignation treten auf, weil Erfolge ausbleiben und niemand da ist, der zuhört, sich kümmert."

Der Junge braucht Lob und Anerkennung, um sich wieder stark genug zu fühlen, den Schulalltag und das neue Leben mit den ungewohnten Herausforderungen zu meistern.

Man muss ihn stark machen, denn dann hat er die Kraft, auch Nein zu sagen, und ist vor schlechten Einflüssen besser gewappnet.

Für die Position eines Streitschlichters wird Paul Verantwortung für seine Mitschüler übertragen. Das macht ihn zu etwas Besonderem. Darauf wird er stolz sein und er wird es hoffentlich nicht mehr nötig haben, sich mit sinnlosem Gestreite wichtig zu machen. Als künftiger Streitschlichter lernt er in einem Nachmittagsseminar, in Notsituationen angemessen zu handeln. Die Streitschlichter üben für die

Schulgemeinschaft eine Vorbildfunktion aus. Sie lernen, Hemmungen und Ängste abzubauen.

Verena ist begeistert von dem Projekt und von der Idee des Schulleiters. Sie verspricht, alles zu tun, um auch Paul davon zu begeistern. Doch das ist gar nicht nötig.

Als sie am Abend mit ihrem Sohn darüber spricht, ist ihm anzusehen, wie stolz er sich fühlt. Bei Sätzen wie „Der Direktor traut dir das zu" und „Die anderen Schüler bewundern dich, weil du so gut im Sport bist" kann sie förmlich sehen, wie gut ihm diese positive Einschätzung tut.

Wenige Tage später kann Paul in die bereits gestartete Streitschlichterausbildung einsteigen. Die Ausbildung dauert etwa 30 Stunden. Die Schüler lernen dabei, Konflikte selbstständig zu bearbeiten und Lösungen zu finden. Hauptaufgaben sind Zuhören, Reden und Vermitteln.

Die Kinder müssen sich fair, unvoreingenommen und überparteilich verhalten. Konflikte sollen dank ihres Einsatzes ohne direkten Einfluss der Schule oder der Eltern von Gleichaltrigen gelöst werden.

Untersuchungen zeigen, dass diese Art der Konfliktlösung über den Schulalltag hinaus trägt. Die Streitschlichter selbst erfahren durch ihr Engagement eine Stärkung, denn sie müssen Verantwortung tragen und selbstbestimmt tätig sein.

Aber Paul soll sich überdies noch um die Kinder einer 5. Klasse kümmern. Er ist der Ansprechpartner für diese Neuzugänge der Schule. Zweimal in der Woche hat er eine eigene Pausensprechzeit, in der er den Kleinen auf unterschiedlichste Weise helfen kann. Er gibt Auskunft, damit sie sich im Gebäude zurechtfinden, berät sie bei Problemen mit größeren Schülern oder steht ihnen bei, wenn sie sich bedroht fühlen.

„Natürlich beobachten wir den Jungen engmaschig. Aber nach meiner Einschätzung und auch der des gesamten Kollegiums ist Paul ein im Kern anständiger und friedlicher Junge. Wir trauen ihm so eine verantwortungsvolle Tätigkeit zu", erklärt der Direktor Verena, die sich ein paar Tage später bei ihm für sein Engagement bedankt.

Paul wird innerhalb weniger Monate in seiner Schule zu einer Vorbildfigur. Aber er sollte nicht das Gefühl bekommen, dass ihm das in den Schoß gefallen ist. Ehemals ein äußerlicher Rüpel, darf nicht der Eindruck erweckt werden, er werde für seine Ausfälle auch noch belohnt. Deshalb muss Paul für seine Sonderposition auch Leistung bringen. In seinem Fall sieht die so

Als Streitschlichter wird Paul in kurzer Zeit zum Vorbild für andere.

aus, dass er regelmäßig Protokolle über seine Aktivitäten schreiben muss, die er dem Direktor vorlegen muss. „Das klappt prima. Anfangs habe ich den Jungen ein paar Mal korrigieren müssen, aber mittlerweile macht er das selbstständig und sehr zuverlässig."

Die Anerkennung des Direktors und der anderen Schüler haben Paul neues Selbstbewusstsein geschenkt. „Er tritt ganz anders auf. Wenn ihn jemand anspricht, sieht er denjenigen mit klarem Blick an. Es ist absolut überraschend, was die neue Aufgabe aus ihm gemacht hat", freut sich Verena.

Das rät der Experte

Pädagogen kennen das Phänomen nur zu gut. Was auf den ersten Blick nach rücksichtsloser Gewalt aussieht, ist im Grunde nur ein Hilfeschrei nach Liebe und Zuwendung. Paul fehlt die Geborgenheit der Familie und der Heimat. Er fühlt sich verlassen und nicht mehr aufgehoben. Seine Rebellion gilt der Mutter, die er liebt. Sie soll hören, was seine Seele sagt: „Ich brauche dich!"

Damit Paul aus seinem Tief kommt, muss sich auch im häuslichen Umfeld etwas ändern. Auch solange Verena noch im Schichtdienst arbeiten muss, sollte sie sich bemühen, ihren Sohn intensiver zu betreuen. Paul könnte zum Beispiel immer einen Brief seiner Mutter vorfinden, wenn er allein nach Hause kommt. Darin schreibt sie ihm kleine Aufgaben auf, die er erledigen muss, legt ihm aber auch eine kleine Belohnung dazu. Abends kontrolliert Lutz, ab alles erledigt ist, und lässt sich auch regelmäßig die Schularbeiten zeigen. Täglich kommt eine Bestätigung des Klassenlehrers, dass alle Aufgaben erledigt sind, und Lutz und Verena müssen sie abzeichnen.

Zugleich könnten Pauls Sportstunden ausgeweitet werden. Der Junge darf weiterhin Taekwondo machen, aber nicht die Trainingsanlage verlassen. Dadurch wird verhindert, dass sich Paul unbeaufsichtigt in der Stadt herumtreibt. Verena kann das kontrollieren, indem sie regelmäßig dort anruft.

Die Freizeit sollten Verena und Lutz häufiger für gemeinsame Aktivitäten mit dem Jungen nutzen. Die Ferien könnte

Paul regelmäßig bei den Großeltern verbringen – zum Auftanken für die Schulzeit!

Die Aufmerksamkeit, das Engagement der Mutter und des neuen Partners tun Paul gut. Früher oft bockig, zeigt er nur drei Monate später offen, wie gern er mit seiner Familie zusammen ist. Die Schulleistungen haben sich erkennbar verbessert. Die Versetzung ins nächste Schuljahr ist knapp, aber sehr wahrscheinlich.

Geborgenheit und Bestätigung machen Kinder stark.

„Paul brauchte das Gefühl absoluter Geborgenheit und Bestätigung, dazu Erfolge in der Schule. Das hat ihn stark gemacht, wieder mitzuziehen", erklärt der Vertrauenslehrer.

Es ist Aufgabe des Elternhauses, den Schulerfolg der Kinder zu fördern.

Wie ertragreich eine solche Förderung sein kann, bestätigen die Untersuchungen im Rahmen der neuen PISA-Studie. Danach ist der Einfluss der Elternhäuser auf den Schulerfolg mehr als doppelt so groß wie der von Schulen, Unterricht und Lehrern zusammen. Dennoch haben bisher alle Bildungsreformen bei der Schul- oder Unterrichtsentwicklung angesetzt. Sinnvoller wäre es, die Elternhäuser zur gezielten Mitarbeit heranzuziehen. Denn leider wissen viele Eltern nicht, dass sie den Schlüssel für den Schulerfolg ihrer Kinder selbst in der Hand halten. Es reicht nicht, die Kinder an der Schulpforte abzugeben und gemütlich auf den Erfolg zu warten. Jede noch so gute Schule ist auf die Unterstützung und Förderung im Elternhaus angewiesen.

Der Aggressivitätstest:
Neigt Ihr Kind zu aggressivem Verhalten?

Notieren Sie für jede Frage, die Sie mit Ja beantworten, einen Punkt.

1. Hat Ihr Kind Wutausbrüche?
2. Weint Ihr Kind, wenn es seinen Willen nicht durchsetzen kann?
3. Erzählt Ihr Kind begeistert davon, wenn sich andere geprügelt haben?
4. Verhält sich Ihr Kind aggressiv gegen sich selbst, kaut es zum Beispiel an seinen Nägeln?
5. Zerstört Ihr Kind sein Spielzeug, wenn es nicht funktioniert?
6. Kann Ihr Kind schlecht Regeln akzeptieren?
7. Fühlt sich Ihr Kind häufig in der Schule und im Elternhaus benachteiligt?
8. Zeigt Ihr Kind kein Mitgefühl, wenn Tiere leiden?
9. Sieht Ihr Kind gern Gewaltszenen im Fernsehen oder Internet?
10. Hat Ihr Kind wenige oder gar keine Freunde?

Ergebnis: _____ Punkte

Testauswertung

Bis 5 Punkte: Es besteht kein Grund zur Besorgnis.

5–10 Punkte: Sie sollten reagieren. Ihr Kind hat ein hohes Aggressionspotenzial. Versuchen Sie, die Hintergründe der Verhaltensauffälligkeiten herauszufinden. Dabei sollten Sie Experten wie den Kinderarzt oder Schulpsychologen zurate ziehen, die entsprechende Hilfe anbieten können.

Was Eltern tun können

- **Zeigen Sie Gewalt die Rote Karte.** Lassen Sie in Ihrer Familie keinerlei Gewalt zu.
- **Seien Sie Vorbild.** Gehen Sie mit gutem Beispiel voran. Sprechen Sie nicht leichtfertig davon, jemandem Gewalt anzutun: „Wenn der das noch einmal macht, kriegt er von mir eins auf die Nase!"
- **Gewaltfilme sind tabu.** Achten Sie darauf, dass Ihr Kind keine Filme mit gewaltverherrlichenden Szenen sieht.
- **Helfen Sie Ihrem Kind, Gewalt zu verarbeiten.** Bekommt Ihr Kind Gewaltszenen mit, helfen Sie ihm, das Erlebte aufzuarbeiten, indem Sie mit ihm darüber sprechen, Erklärungen geben.
- **Finden Sie die Ursache.** Reagiert Ihr Kind gewalttätig, suchen Sie die Gründe, die sein Verhalten erklären. Stellen Sie gezielt Fragen nach dem Warum. Häufig verbergen sich hinter Auffälligkeiten innere Spannungen und Konflikte. Sobald Sie Ihr Kind „durchschauen", können Sie es besser verstehen und angemessen reagieren.
- **Greifen Sie notfalls ein.** Kinder balgen gern und vieles geschieht nur im Spaß. Aber schreiten Sie sofort ein, wenn Sie sehen, dass Grenzen verletzt werden.
- **Helfen Sie Aggressionen abzubauen.** Helfen Sie Ihrem Kind, aufkommende Aggressionen in den Griff zu bekommen. Es entlastet, wenn es sich den Frust von der Seele reden kann, aber auch eine Radtour oder eine Runde Kicken kann helfen. Bei vielen Kindern haben auch Ruhe und leise Musik diese Wirkung.

||| **Der Extratipp**

Suchen Sie gemeinsam einen Sportverein, in dem Mannschaftssport wie Fußball, Handball, Rudern oder Schwimmen mit Gleichaltrigen angeboten wird. Bewegung sorgt für innere Ruhe und gemeinsamer Sport mit anderen lehrt Rücksichtnahme und fördert den Teamgeist.

Auffälliges, störendes Verhalten

„Wer einsam ist, spielt gern den Clown. Niemand ahnt unter der Narrengrimasse das Weinen." Klaus Mann

Sie kippeln mit dem Stuhl, rufen laut durch die Klasse, ziehen Grimassen, reißen Witze am laufenden Band – und das alles während des Unterrichts. Auffällige Schüler, die sich permanent in Szene setzen und den Unterricht stören. Die Mitschüler kichern. Die Störenfriede genießen die Aufmerksamkeit und finden sich cool. Die Lehrer sind ratlos. Strafarbeiten verpuffen.

Und während Lehrer und Eltern noch nach Lösungen suchen, geht es mit den Noten des Klassenkaspers rapide bergab. Deshalb gilt: schnell gegensteuern!

Der Grund des Dauergeblödels ist meist ein mangelndes Selbstwertgefühl, oft verursacht durch unzureichende Lernergebnisse oder persönliche Defizite wie Unzufriedenheit mit dem Äußeren oder familiäre Probleme wie

Umzug oder Trennung der Eltern. Klassenclowns fühlen sich minderwertig und nicht gemocht. Sie versuchen aus ihrer Isolation herauszukommen, indem sie herumalbern und andere zum Lachen bringen.

„Manege frei – ich komme!"

Malte (13): Er geht in die 7. Klasse einer Realschule.

„Bitte seien Sie mir nicht böse. Aber es ist besser, wenn Malte nicht zu Vincents Geburtstag kommt. Er bringt zu viel Unruhe in die Feier. Ich denke, Sie verstehen das!"
Peng! Das sitzt! Als Maltes Mutter Isa (38) den Telefonhörer auflegt, muss sie sich erst einmal einen Kaffee kochen. Sie ist schockiert. Es ist bereits das dritte Mal, dass Eltern ihr durch die Blume zu verstehen geben, dass sie den Kontakt mit Malte für das eigene Kind nicht wünschen.
Die einfühlsame Hausfrau hat Mühe, das zu verstehen. Gut, ihr Sohn ist lebhaft, sehr spontan, vielleicht etwas vorlaut. Aber das sind doch keine Gründe, ihn so entschieden abzulehnen!
Eine Mutter hatte sogar Maltes Klassenlehrerin einmal darum gebeten, ihren Sohn auf keinen Fall beim Theaterbesuch in Maltes Nähe zu setzen. Das hat Isa über fünf Ecken erfahren. Und jetzt ist Malte sogar auf dem Geburtstag seines Freundes nicht erwünscht. Wie soll das bloß weitergehen?
Isa setzt sich mit dem Kaffee auf das Sofa. Nachdenklich sieht sie aus dem Fenster. Sie ist besorgt und kann sich nicht erklären, warum ihr Sohn so schwierig ist.

Was ist los mit Malte?

Der Junge lebt in einer ganz normalen Durchschnittsfamilie. Sein Vater Dirk (39) arbeitet als Kundenberater bei einer bekannten Baumarktkette. Seine Mutter Isa ist Hausfrau. Er hat zwei Geschwister, seinen Bruder Luca (15) und den kleinen Nachzügler Tim (4). Damit ist Malte ein sogenanntes Sandwichkind. „Die haben es ja bekanntlich schwerer", sagt Isas Vater gern. „Bei den ältesten Kindern ist man besonders streng, bei den jüngsten besonders nachgiebig. Die mittleren nimmt man dagegen weniger wahr."

Ist das wirklich so? Isa versucht sich zu erinnern. Ihre Familiengeschichte ist unauffällig. Ihr Ältester Luca war immer ein ganz problemloser Junge. Ruhig, besonnen, sehr leistungsorientiert. Ob Kindergarten, Grundschule oder jetzt die Realschule, um Luca musste man sich nie sonderlich kümmern. Er machte, was Eltern und Schule von ihm erwarteten.

Jetzt steuert Luca auf die Mittlere Reife zu und möchte später Krankenpfleger werden. Allerdings hat er ein Handicap: Luca ist chronisch krank. Er leidet an einer schweren Form von Asthma. Seit seinem sechsten Lebensjahr musste er viele Klinikaufenthalte durchstehen. Wenn Isa es zusammenrechnet, hat sie bestimmt über drei Monate mit Luca in Krankenhäusern verbracht. Zudem haben die immer sehr dramatisch ablaufenden Asthmaanfälle des Jungen die Familie auf Trab gehalten. Isa kann die Nächte nicht mehr zählen, in denen sie den Notarzt rufen musste und dann im Krankenwagen mit Luca in die Klinik düste.

Gott sei Dank war ihr Mann Dirk immer in der Lage, sich beruflich auf solche Notfälle einzustellen. Er hat einen unkomplizierten Chef und konnte sich kurzfristig Urlaub nehmen, wenn Isa bei Luca sein musste. Dann kümmerte er sich um Malte.

Obwohl Malte ungewöhnlich zart und klein war, hatte er keinerlei gesundheitliche Probleme. Er entwickelte sich bis zur Grundschule problemlos. Isa und Dirk wünschten sich noch ein drittes Kind. Vor vier Jahren kam der kleine Tim auf die Welt. Ein richtiger Wirbelwind. „Er ist unser Sonnenschein", sagt Isa immer gern. „Der Junge lacht ständig und ich könnte ihn dauernd knuddeln!"

Malte kümmerte sich von Anfang an liebevoll um den kleinen Bruder. Wenn die Eltern mal wieder mit Luca in die Klinik mussten, spielte er schon als kleiner Junge im Auto mit dem Kleinkind. Er legte im Wartezimmer mit ihm Puzzle, las ihm später zu Hause Märchen vor. Das ist bis heute so. Maltes Schulleistungen waren im Gegensatz zu Lucas immer mittelmäßig. Dafür ist er handwerklich sehr begabt. Dirk hat das kleine Einfamilienhaus größtenteils in Eigenleistung gebaut und Malte hat viel dabei von seinem Vater abgeschaut.

Die Probleme begannen in der dritten Grundschulklasse.

„Ob es mit dem Leistungsdruck zusammenhing?", rätselt Isa heute. „Wir wollten gern, dass Malte auf die Realschule geht, wie sein Bruder. Aber die Noten sahen damals nicht danach aus. Er sollte sich Mühe geben. Vielleicht haben wir ihm das zu oft gesagt."

Jedenfalls rief damals zum ersten Mal die Kassenlehrerin an. Malte würde den Unterricht stören. Das Klassenzimmer wäre für ihn wie eine Manege. Ständig mache er dort seine Späße, reiße Witze und ziehe Grimassen. So könne es nicht weitergehen. Isa war bis dahin völlig ahnungslos gewesen. „Mein Sohn ein Störenfried? Ich konnte das gar nicht glauben! Zu Hause war er immer recht lebhaft, aber bei Fremden eigentlich eher schüchtern!"

„Ich konnte nicht glauben, dass Malte ein Störenfried ist."

Isa sprach als Erstes lange mit Malte. Der gab sich einsichtig, versprach, künftig diesen Unsinn zu lassen. Doch die guten Vorsätze hielten nicht lange.

Jetzt sollte Isa zur Lehrerin in die Schule kommen. Ein Vieraugengespräch war geplant. Man wollte gemeinsam eine Lösung suchen.

„Es war ein schlimmer Termin für mich. Maltes Klassenlehrerin schilderte mir Situationen, die ich nicht für möglich gehalten hätte. Er würde oft minutenlang im Unterricht singen. Und das Schlimmste: Er sei auch frech zu den Lehrern. Er hätte immer das letzte Wort, und das wäre nicht immer angemessen. Sein Verhalten sei distanzlos. Er hätte kein Empfinden, wie man mit Erwachsenen sprechen müsste. So sei sein Verhalten nicht seinem Alter angemessen. Die Lehrerin riet mir, fachliche Hilfe zu suchen."

Isa ist heute noch mitgenommen, wenn sie an das damalige Gespräch denkt. „Ich war völlig unvorbereitet. Klar ist mein Sohn mal ungezogen – das ist eine Sache. Aber hier schilderte man mir ein Kind, das zeitweise völlig außer Rand und Band gerät, unkontrolliert handelt und sich ungezogen verhält. Das war eine andere Hausnummer. Ich war wirklich mehr als beunruhigt."

Isa und Dirk setzten sich noch am selben Abend in Ruhe zusammen. Was war mit Malte los? Dirk riet dazu, den Hausarzt aufzusuchen. Der kennt die Familie und seinen Rat nehmen die Eltern seit Jahren sehr ernst. Einen Anfangsverdacht auf ADHS (Aufmerksamkeitsdefizit-Hyperaktivitätsstörung) oder ADS (Aufmerksamkeitsdefizitsyndrom) hatte er bereits vor einem Jahr durch einen gründlichen Test ausgeschlossen. In seinen Augen war Malte nur verspielt, lebhaft und manchmal etwas überreizt.

Allerdings ist schon damals bei Malte eine Lese-Rechtschreib-Schwäche diagnostiziert worden, für die er seitdem regelmäßig Förderstunden bekommt.

Ansonsten sollte Malte, der ein begeisterter Fußballspieler ist, seine Energien im Sport kanalisieren und in der Schule intensiver kontrolliert werden. Das müsste reichen.

Isa meldete Malte im örtlichen Fußballverein an. Das zweimalige Training pro Woche tat ihm gut, dazu fühlte er sich in der Gruppe wohl. Er fand neue Bekanntschaften. Nur mit dauerhaften Freundschaften tat sich der Junge weiterhin schwer.

Als Malte zum Ende der Grundschulzeit doch noch eine Empfehlung für die Realschule bekam, waren Isa und Dirk erleichtert. Sie glaubten, dass der Wechsel zur weiterführenden Schule die Probleme lösen würde.

Bislang hatten sie der Lehrerin einen großen Teil der Verantwortung für das angeblich auffällige Verhalten ihres Sohnes gegeben. Sie glaubten, sie mochte Malte nicht, hätte ihn deshalb immer besonders kritisch beäugt. Sie ahnten nicht, dass das Problem mit dem Wechsel zur weiterführenden Schule noch schlimmer und er noch stärker als Störenfried auffallen würde. „Eigentlich lief während des ganzen ersten Schuljahres alles darauf hinaus, dass er die Realschule nicht packen wird", sagt Isa.

Die Eltern ahnen nicht, dass mit dem Schulwechsel alles noch schlimmer wird.

Malte schaffte es nicht, sich in die Schulgemeinschaft zu integrieren. Er hatte kaum Freunde, klagte häufig über Kopf- und Bauchschmerzen und blieb dann auch zu Hause. Damit verpasste er viel Schulstoff, was dazu führte, dass die Noten in den Keller rasselten. Zum Ende des 5. Schuljahres wurde Isa und Dirk mitgeteilt, dass sie über einen Wechsel auf die Hauptschule nachdenken sollten.

Aber Isa wollte dem Jungen noch eine Chance geben. Er sollte in der 6. Klasse noch einmal zeigen können, was ihm liegt. Sie investierte auch in einen Nachhilfeunterricht in Mathematik. In Deutsch bekam er ja aufgrund seiner Lese-Rechtschreib-Schwäche bereits Förderstunden. „Ich dachte immer, er hätte einfach nur Anlaufschwierigkeiten. Wenn wir uns Mühe geben würden, könnte er den Stoff aufholen und alles würde gut."

Doch dann kamen die Störungen wieder auf, nur dieses Mal schien es noch schlimmer als in der Grundschule zu sein.

Isa steht jetzt abrupt auf und greift zum Telefonhörer. Sie macht einen Termin mit dem Klassenlehrer aus. Sie muss wissen, was ihr Sohn in der Schule anstellt.

Als Isa im Elternsprechzimmer sitzt, bekommt sie es knüppeldick. „Malte übertreibt es mit den Blödeleien im Unterricht", sagt der Lehrer. „Er macht auf Kosten anderer seine Witze und kommt bereits seit Wochen nicht aus diesem Verhalten heraus. Ich muss etwas dagegen unternehmen. Sonst wird sich Malte schnell an die Aufmerksamkeit gewöhnen, die er durch dieses Benehmen ergattern kann, und vermutlich dauerhaft zum Klassenclown werden. Ich kann das in meiner Klasse nicht dulden."

Der Lehrer sagt auch deutlich, dass sich bereits mehrere Eltern bei ihm beklagt hätten. Die Kinder fühlten sich durch Malte im Unterricht gestört.

Für Isa ein Schock. Erst die Anrufe der anderen Eltern, jetzt die deutlichen Worte des Lehrers. Ganz offenbar baut sich eine Front gegen ihren Sohn auf. Sie braucht dringend Hilfe.

Warum stört Malte?

Die Ursachen für auffälliges Verhalten können vielfältig sein. Die meisten Kinder, die in der Schule die Rolle des Klassenclowns spielen, haben Selbstwertprobleme. Sie sind nicht stark genug, auf andere Weise bei Gleichaltrigen Sympathien

Die meisten Klassenclowns sind isoliert und fühlen sich als Außenseiter.

zu erwecken und Freundschaften zu schließen. Sie fühlen sich als Außenseiter, nicht anerkannt, ungeliebt. Deshalb versuchen sie aus ihrer Isolation herauszukommen, indem sie die anderen zum Lachen bringen.

Auch eine Überforderung mit dem Lernstoff kann dazu führen, dass ein Kind sich ausklinkt und herumblödelt. Genauso kann es aber auch sein, dass das Kind im Unterricht unterfordert ist oder dass es besonders kreativ und fantasievoll ist und sich deshalb langweilt. Sofern es Situationen gibt, die von den Lehrkräften und den Eltern nicht richtig eingeschätzt und erklärt werden können, ist ein Intelligenztest sinnvoll.

Nicht zuletzt könnten auch irritierende, belastende Veränderungen im familiären Umfeld, beispielsweise die Trennung der Eltern mit allen Konsequenzen oder die Geburt eines neuen Geschwisterchens, ein sozial auffälliges, störendes Verhalten auslösen.

So kann man Malte helfen!

Erzieher und Lehrer reagieren auf Störer häufig mit Strafen und Ignoranz. Doch beides bringt nur kurzzeitig eine Besserung. Sinnvoller ist es, die Signale, die durch das Verhalten gesendet werden, zu entschlüsseln. Oft ist es hilfreich, einen Schulpsychologen einzuschalten.

Bei Malte wird dank der Zusammenarbeit zwischen Eltern und Lehrer schnell klar, dass bei ihm eine Ursache für sein auffälliges Verhalten in seinem Zuhause liegt. In seiner Familie gibt es zwei Pole.

Da ist der kranke Luca, der grundsätzlich Aufmerksamkeit braucht. Die Eltern würden sich mangelnde Fürsorge nie verzeihen, da sie wissen, dass das lebensbedrohlich sein kann. Und da ist der kleine Tim, der schon aufgrund seines Alters im Mittelpunkt steht. Er ist der Sonnenschein der Familie. Mit Tim kann Isa mal ausspannen, einfach nur Spaß haben, spielen, lachen.

Malte ist dazwischen, nahezu unsichtbar, das Sandwichkind, von dem der Opa sprach. Er steht nie im Mittelpunkt, weder mit seinen Problemen noch mit seinen Noten. Dazu kommt sein äußeres Erscheinungsbild. Malte ist auffallend klein. Er wird deshalb häufig von seinen Mitschülern gehänselt. Das Selbstbewusstsein, dagegenzusteuern, fehlt ihm schon aufgrund seiner

Als Sandwichkind ist Malte in der Familie nahezu unsichtbar.

nachgeordneten Rolle in der Familie. Es war nie jemand da, der ihm Selbstsicherheit vermittelt hat. Er musste die Rolle suchen, die ihm Aufmerksamkeit verschaffte. Die Instrumente dazu konnte ja nur er selbst haben: mit seinem Verhalten, das zwangsläufig immer auffälliger werden musste.

Malte braucht dringend Erfolgserlebnisse. Der Lehrer sieht im Nachmittagsangebot der Schule den Schlüssel zum (Schul-) Erfolg. Er hat für Malte die Mitarbeit in der Theater-AG vorgesehen. „Malte kann in dem Schulstück den Clown spielen. Dann muss er es nicht mehr im Unterricht tun. Da er Aufmerksamkeit sucht, soll er sie auch bekommen: aber von einem Publikum, das ihn nach der Aufführung zum Schuljahresende beklatschen wird. Er wird das bestimmt prima machen.“

Isa und Dirk sind von der Idee begeistert. Aber der Lehrer hält auch einen Wermutstropfen für die Eltern bereit: Malte soll die Klasse wechseln.

„Wenn er in seinem alten Umfeld bleiben würde, wäre das für einen erfolgreichen Neustart hinderlich. Für den Jungen ist es günstiger, mit Jungen und Mädchen in einer Klasse zusammen zu sein, die seine Albernheiten nicht erwarten."

Des Weiteren regt der Lehrer an, dass sich Isa und Dirk Gedanken über das familiäre Miteinander machen. Der erfahrene Pädagoge hat anhand von Isas Schilderungen schnell den Eindruck gewonnen, dass Malte zu Hause zu kurz kommt. Seine Vorschläge sind so einfach wie sinnvoll.

Das rät der Experte

Die Botschaft des Lehrers ist deutlich: „Geben Sie Ihrem Jungen das Gefühl, wichtig zu sein. Geben Sie ihm zu Hause in der Familie so viel Bestätigung, dass die Portion für die Schule reicht!"

Vater und Sohn sollten sich zu festen Zeiten verabreden, an denen sie zu zweit etwas unternehmen, ohne die Geschwister Luca und Tim. Das könnte zum Beispiel ein gemeinsames handwerkliches Projekt sein oder auch eine sportliche Aktivität.

Auch die Mutter sollte sich mehr Zeit allein für Malte nehmen. Um Tim könnte sich an einem bestimmten Wochentag die Oma kümmern. Isa hätte dann ausschließlich ein offenes Ohr für Malte und es würde sich einmal nicht nur alles um den niedlichen kleinen Tim drehen.

Zudem ist es nötig, Maltes Fernsehkonsum einzuschränken und ihm Alternativen anzubieten. Im Fernsehen finden Kinder viele schlechte Vorbilder, denen sie nacheifern. Dem Selbstbewusstsein des Kindes tut es dagegen gut, im Sportverein oder bei anderen Freizeitaktivitäten Erfolgserlebnisse zu sammeln.

Abgerundet wird das pädagogische Hilfspaket durch eine straffe Kontrolle. Klassenclowns können mit ihrem Sinn für Humor auch eine Bereicherung sein. Aber es ist wichtig, dass sie ihre Grenzen kennen. Eltern sollten Kindern daher immer wieder Rückmeldung geben, was ihr Verhalten bei ihnen bewirkt. Macht das Kind beispielsweise Späße auf Kosten anderer, sollten die Eltern ihm erklären, dass diese sich dadurch verletzt fühlen.

Dirk hat sich und Malte bei einer Laufgruppe angemeldet. Einmal in der Woche bereiten sich Vater und Sohn jetzt auf einen Langstreckenlauf vor. Das gemeinsame Training macht Malte Spaß. Ab und zu geht Dirk anschließend mit seinem Sohn eine Pizza essen. Für Malte sind das die ersten Abendessen ohne seine beiden Geschwister. Er genießt es sehr, seinen Vater endlich einmal ganz für sich zu haben.

Endlich hat Malte seinen Papa mal ganz für sich allein.

Darüber hinaus hat sich Dirk um eine Trainerstelle im örtlichen Verein bemüht und sie auch bekommen. Das ist die Riesenchance: Er ist jetzt Trainer und hat seinen eigenen Sohn in der Mannschaft. Malte fühlt sich als Trainersohn besonders privilegiert, aber auch beobachtet. Eine Position, die ihm Selbstbewusstsein über die zwei Sportstunden in der Woche hinaus gibt. Selbstbewusstsein, das ihn stark genug macht, auch die Hänseleien über seine Größe zu ertragen. Isa hat mit ihm sogar geübt, wie er auf bestimmte Anwürfe reagieren kann. Denn seine Größe kann er nicht ändern, aber sein Verhalten. Erfahrungsgemäß hören Hänseleien dann auch schnell auf, wenn man die Opferrolle verlässt.

Isa hat zudem für Tim eine Betreuung bei der Oma organisiert. Jetzt hat die Mutter Zeit nur für ihren Mittleren: „Ich bin zweimal mit Malte zum Shoppen gegangen. Es ging weniger ums Einkaufen als vielmehr um das gemeinsame Erleben. Einmal waren wir anschließend ein Eis essen, einmal im Kino. Ich bin überrascht, wie viel ich von Malte dabei erfahren habe. Er hat geredet wie ein Buch. Ein paar Mal ist er auch etwas ausfällig geworden. Ich habe ihn nicht nur ermahnt, sondern mir auch die Mühe gemacht, ihm die Wirkung seiner Sätze zu erklären. Ich denke, es ist wichtig, dass er lernt, wie sein Verhalten bei Erwachsenen ankommt. Ich habe mich an das gehalten, was mir der Arzt geraten hat: Ich habe meine Sätze mit einer Ich-Botschaft begonnen, um es ihm einprägsamer zu machen." Sie sagt also jetzt beispielsweise „Ich bin verletzt, wenn ich mit dir ins Kino gehe und du mich an der Kasse so patzig anfährst" oder „Ich mag es nicht, wenn du im Café am Tisch herumhampelst. Ich möchte nämlich in Ruhe hier mein Eis essen."

Störenfriede müssen erkennen, wie ihr Verhalten bei anderen ankommt.

Mittlerweile geht Malte in die 8. Klasse. Er hat durchschnittliche Noten, spielt zum wiederholten Mal eine bedeutende Nebenrolle in einem Theaterstück und hat sich freiwillig für die Essensausgabe in der Cafeteria einteilen lassen. Isa ist längst nicht mehr nur beruhigt, sie ist begeistert. „Zum 14. Geburtstag kam die komplette Fußballmannschaft zu uns. Es war ein tolles Fest und es gab keinerlei Streit. Ich habe selbst gesehen, wie beliebt Malte ist. Er hat sich vom Klassenclown zum Klassenliebling gemausert. Und es ging schneller, als ich dachte. Wir mussten nur ein paar Spielregeln beachten."

Der Störenfried-Test: Hat Ihr Kind den Hang zu stören?

Für jede Frage, die Sie mit Ja beantworten, notieren Sie einen Punkt.

1. Ist Ihr Kind motorisch unruhig, muss ständig in Bewegung sein?
2. Kippelt es beim Essen oder den Hausaufgaben ständig mit dem Stuhl?
3. Läuft es häufig unmotiviert im Haus herum?
4. Ist es undiszipliniert?
5. Vergisst es Hausaufgaben und Absprachen?
6. Wirkt es häufig unkonzentriert?
7. Reagiert es Erwachsenen gegenüber vorlaut?
8. Unterbricht Ihr Kind Erwachsene und Freunde im Gespräch?
9. Steht Ihr Kind gern im Mittelpunkt?
10. Fühlt sich Ihr Kind leistungsmäßig schnell überfordert?

Ergebnis: _____ Punkte

Testauswertung

Bis 5 Punkte: Es besteht kein Grund zur Besorgnis.

Mehr als 5 Punkte: Ihr Kind hat offensichtlich Schwierigkeiten, sich in ein Gruppenleben einzufügen und Regeln anzuerkennen. Sprechen Sie mit Ihrem Kind, vereinbaren Sie schrittweise feste Regeln des Miteinanders und kontrollieren Sie unbedingt, ob sie auch eingehalten werden. Sorgen Sie für einen strukturierten Alltag.

Was Eltern tun können

1. Loben Sie positive Seiten.

- Zeigen Sie Ihrem Kind, dass Sie es lieben und ihm vertrauen, auch wenn es Probleme macht.
- Achten Sie täglich auf die guten Dinge, die Ihr Kind tut und die Ihnen wie selbstverständlich vorkommen, und loben Sie es ausdrücklich dafür. Loben Sie Ihr Kind, wenn es sein Zimmer aufgeräumt hat, der Nachbarin beim Einkaufen geholfen hat oder wenn ihm etwas beim Spielen gelungen ist.
- Nehmen Sie sich täglich eine bestimmte Zeit für ein gemeinsames Miteinander. Das kann ein Spiel sein, das gemeinsame Abendessen oder einfach nur gemeinsames Träumen und Ausruhen.

2. Festigen Sie das Selbstwertgefühl Ihres Kindes.

- Sorgen Sie dafür, dass Ihr Kind Erfolgserlebnisse hat.
- Dokumentieren Sie die Stärken Ihres Kindes.

■ Vereinbaren Sie Ziele. Damit sie eingehalten werden, ist ein Belohnungssystem hilfreich: „Wenn du das geschafft hast, dann gehen wir zusammen ins Kino, in die Eisdiele, ins Spaßbad …"

■ Ermutigen Sie Ihr Kind.

■ Nehmen Sie sich viel Zeit für Ihr Kind, nehmen Sie es häufiger in den Arm und zeigen Sie ihm, dass Sie es lieben und es Ihnen wichtig ist.

3. Regeln Sie den Tagesablauf.

■ Geben Sie dem Tag Struktur, indem Sie feste Uhrzeiten für die Mahlzeiten, die Hausaufgaben und das Sportprogramm festlegen. Vergessen Sie nicht, die Pflichten des Kindes einzubauen.

■ Übertragen Sie Ihrem Kind Verantwortung, zum Beispiel für die Pflege eines Haustieres, für die Beaufsichtigung des jüngeren Bruders, für das Tischdecken und ähnliche Dinge.

■ Bewahren Sie Ihr Kind vor starker Reizüberflutung, indem Sie den Fernsehkonsum ebenso beschränken wie die Nutzungsdauer des Internets.

4. Setzen Sie Grenzen.

■ Achten Sie darauf, dass die wenigen vereinbarten Grenzen konsequent eingehalten werden. Dazu gehört auch, dass sich das Kind an Rücksichtnahme gewöhnt.

■ Sorgen Sie dafür, dass beim Zubettgehen eine versöhnliche Atmosphäre herrscht.

5. Sorgen Sie für Bewegung.

■ Sport im Verein oder im Freundeskreis ist nicht nur eine sinnvolle Freizeitbeschäftigung, sondern hilft Ihrem Kind auch zu entspannen und fördert einen tiefen Schlaf.

■ Vor dem Schlafengehen sollte sich Ihr Kind nicht mehr austoben, weil es sonst zu viel Zeit braucht, um zur Ruhe zu finden.

Prüfungsangst

> *„Nichts lähmt die Flügel der Seele so sehr wie Angst."*
>
> Andreas Tenzer

„Aber du hast doch gestern alles gewusst!" Vielen Eltern rutscht dieser Satz heraus, wenn ihr Kind ihnen die Klassenarbeit mit einer glatten Fünf darunter präsentiert. Das Kind zuckt ratlos mit den Schultern. Die Eltern schütteln ungläubig den Kopf. Wie kann das sein?

„Prüfungsangst", lautet oft die Erklärung.

Schätzungsweise jedes fünfte Kind leidet an Prüfungsangst. Während der Klassenarbeit haben die Schüler Schweißausbrüche und zittern, manche werden aggressiv. Ist die Prüfungsangst zu groß, gelingt es selbst gut vorbereiteten Kindern nicht, zu zeigen, was sie können. Bei Angst wird der ansonsten ungehinderte Fluss der Gehirnströme unterbrochen – das sogenannte Blackout entsteht. Die Folge:

schlechte Noten – und noch größere Angst. Die wiederum führt dann sogar zu organischen Problemen. Die Kinder leiden an Kopfschmerzen, Bauchkrämpfen und Durchfall. Prüfungsangst hat viele Ursachen. Häufig spielt Überforderung eine Rolle. Die Lösung ist langwierig, sollte aber damit beginnen, dass Eltern ihr Kind klar einschätzen. Ist es überhaupt in der Lage, die geforderte Leitung zu bringen? Wenn ja, gibt es gute Möglichkeiten, die Prüfungsangst in den Griff zu bekommen. Denn ein starkes Kind hat keine Angst.

Starke Kinder haben keine Angst.

„Eigentlich kann ich gar nichts!"

Nina (11): Sie geht in die 6. Klasse eines Gymnasiums.

„Sie dürfen sich freuen. Ihre Tochter ist kerngesund!" Silke (44), eine sympathische Hausfrau, sieht den Arzt aber keineswegs erfreut an. Sie wirkt jetzt richtig nervös und braust gleich los: „Das kann doch nicht sein! Unsere Nina klagt seit Monaten über Bauchweh und mittlerweile übergibt sie sich auch immer häufiger. Das hat sie noch nie getan. Das Mädchen ist ernsthaft krank. Glauben Sie mir. Da muss man etwas unternehmen, sonst wird es noch schlimmer." Silke setzt sich wieder hin. Sie wirkt plötzlich kraftlos, hat Tränen in den Augen. „Ich mache mir solche Sorgen um unsere Tochter. Was kann es bloß sein, woran sie leidet?"
Der Arzt ist ein erfahrener Mediziner, er betreut Silkes ganze Familie. Die Tochter Nina, aber auch Bernd (46), Silkes Mann, der ein bekannter Jurist in dem Stadtteil ist.

Der ruhige ältere Arzt hat längst eine Vermutung, was mit Nina nicht stimmt. Er schließt die Tür des Sprechzimmers, rückt sich den Sessel zurecht und sieht Silke fest an. „Hören Sie zu, Ihre Tochter ist organisch gesund. Sie hat etwas ganz anderes: Das Mädchen ist komplett überfordert. Ihre Nina hat große Ängste. Und ich glaube, wenn Sie es einmal überprüfen, werden Sie feststellen, dass sie sich vor wichtigen Prüfungen über-gibt. Nina hat Prüfungsangst! Ich habe sie erst vor zwei Tagen allein hier gehabt und sie nach ihren Schul-noten gefragt. Sie hat mir erzählt, dass ihre Versetzung auf der Kippe steht und sie furcht-bare Angst hat, vom Gymnasium zu müssen. Dann hat sie hier geweint, bitterlich, und gestammelt: ‚Ich packe das alles nicht!' Sie hat mir auch gesagt, dass sie sich nicht traut, Ihnen das alles zu sagen. Sie ist absolut verunsichert. Ein stilles Mädchen, das seinen Kummer in sich hinein-frisst. Klären Sie ab, wie Nina in der Schule klarkommt, und ändern Sie etwas an der Schulsituation! Das ist mein dringender Appell an Sie."

„Nina ist komplett überfordert und hat Angst, vom Gymnasium zu müssen."

Silke sackt jetzt auf dem Patientenstuhl regelrecht in sich zusammen. Sie weiß natürlich, dass ihre Tochter in der Schule Probleme hat. Aber sie ist doch nicht überfordert? Nina ist ihrer Ansicht nach einfach noch ein bisschen zu kindlich für ihr Alter. Und sie hat neben der Schule noch andere Interessen. So spielt sie zum Beispiel wunderbar Cello. Das Instrument haben ihr die Großeltern zu Weihnachten geschenkt und sie macht prima Fortschritte, konnte sogar schon beim Schulkonzert mitmachen.

Silke glaubt schon, dass Nina die Schule packen kann. Sie muss nur im Unterricht etwas mehr mitmachen. Das sagt sie ihr auch jeden Morgen, bevor sie zur Schule geht. „Pass immer auf und melde dich, versprich es mir, dann kommst du auch mit!"

Sie glaubt an Nina. Sie wird es schaffen. Im Moment hat sie nur Anlaufschwierigkeiten. Der Schulwechsel auf das Gymnasium fordert doch alle Kinder. Es ist normal, dass dann die Noten in den Keller rasseln. Davon darf man sich nicht verrückt machen lassen.

„Sprechen Sie mit Ihrem Mann darüber", unterbricht der besorgte Arzt ihre Gedanken. „Ich bitte Sie darum. Und wenn Sie mögen, kommen Sie gern auch zu zweit vorbei."

Was ist los mit Nina?

Auf dem Nachhauseweg ist Silke sichtbar geknickt. Das Wort „überfordert" geht ihr nicht mehr aus dem Kopf. Gut, Nina war nie eine supergute Schülerin. Aber Silke hat es immer auf ihr großes musisches Talent geschoben. Das Mädchen hat eben stundenlang zu Hause geübt. In der Grundschule konnte sie sich das auch noch erlauben. Wenn sie erst einmal auf dem Gymnasium ist, so dachte Silke, würde sie sich schon umstellen und mehr auf den Schulstoff konzentrieren.

Als die Lehrerin ihr keine gymnasiale Empfehlung geben wollte, war Silke schon aus allen Wolken gefallen. Doch

Bernd und sie waren der Meinung, dass sie trotzdem auf das Gymnasium gehört.

„Die geht schon ihren Weg", hatte Bernd noch gesagt. Immerhin haben ihre beiden älteren Geschwister das Abitur doch auch geschafft. York studiert erfolgreich Geologie und Vanessa Jura. Nina ist ein Nesthäkchen, ein Wunschkind. Und sie wird genauso durch die Schule schnurren wie die beiden anderen auch. Das haben die Eltern immer geglaubt. Zumindest bis heute.

Als Silke nach Hause kommt, ruft sie sofort Bernd in der Kanzlei an und erzählt ihm, was der Hausarzt ihr gesagt hat. Bernd ist sehr nachdenklich.

Abends spricht er Silke an. „Ich habe mir die Gedanken von Dr. Bergmann durch den Kopf gehen lassen. Vielleicht hat er recht. Ich habe Nina immer wieder gesagt, wie wichtig gute Noten für ihr weiteres Leben sind. Denk nur daran, wie sehr ich sie auf die letzte Englischarbeit vorbereitet habe. Immer wieder habe ich ihr erklärt, dass sie eine Drei schreiben muss, weil sie andernfalls mit einer Fünf im Zeugnis rechnen muss." Der

„Ich wollte doch nicht, dass Nina krank wird, nur dass sie fleißig ist."

besonnene Mann schüttelt jetzt traurig den Kopf. „Ich wollte doch nicht, dass sie krank wird. Ich wollte doch nur, dass sie sich Mühe gibt und fleißig ist. Sie muss doch in die 7. Klasse versetzt werden. Wenn sie jetzt schon sitzen bleibt, steht sie doch bei den Lehrern schon als Risikokind da."

Auch Silke fallen jetzt Sätze ein, mit denen sie ihre Tochter immer wieder zu besseren Leistungen drängen wollte.

„Klar habe ich bei jeden Schularbeiten angesprochen, dass sie sich in der Schule anstrengen muss. Man muss sich doch das ganze Leben anstrengen, wenn man nicht untergehen will. Ich dachte, es sei gut, wenn ich Nina jetzt schon auf den Ernst des Lebens hinweise."

Hat Nina Prüfungsangst?

Das ist ganz eindeutig und die Ursache liegt im Elternhaus begründet. Pädagogen sind sich einig: Eine hohe Anspruchshaltung der Eltern und häufige Appelle an die Leistungsbereitschaft schüren Prüfungs- und Versagensängste bei Kindern, besonders, wenn sie sowieso Schulprobleme haben. Schätzungsweise 20 Prozent aller Schüler leiden unter dieser Angst. Die Symptome sind dabei vielfältig. Circa 40 Prozent der Schüler bekommen während der Klassenarbeit Schweißausbrüche und zittern, 60 Prozent der Betroffenen reagieren schon Tage vor

Hohe Ansprüche der Eltern können Versagensängste schüren.

einer Arbeit mit Symptomen wie Bauchweh und Übelkeit. Bernd und Silke sitzen an diesem Abend bis in die Nacht hinein zusammen und reflektieren ihr Verhalten der letzten Jahre. Aufgerüttelt von den Worten des Hausarztes sind sie kritisch mit sich selbst. Sie erkennen, dass sie viel zu oft die guten Leistungen der älteren Geschwister als Maßstab genommen haben und sie auch bei der kleinen Nina als nahezu selbstverständlich vorausgesetzt haben.

Leider haben auch die Großeltern das Leistungsdenken der Familie weitergeführt. So hat sich der Opa immer Ninas

Noten zeigen lassen. Eine Belohnung gab es nur bei einer Zwei und immer hat er darauf hingewiesen, dass er das nächste Mal mit einer Eins rechnet. „Und das bei einem Kind, das eigentlich zwischen Drei und Vier steht. Kein Wunder, dass wir die Kleine so nicht gefördert, sondern unter Druck gesetzt haben", sagt Bernd, jetzt fast schon kleinlaut. „Aber Opa hat es doch nicht böse gemeint. Er ist eben auch durch die anderen Enkelkinder verwöhnt."

Und hier sehen Experten ein großes Problem bei der Entstehung von Prüfungsangst. Vergleiche mit erfolgreichen älteren Geschwistern wirken sehr belastend. Statt zu vergleichen, sollten Eltern vielmehr in den Vordergrund stellen, was ihr Kind positiv auszeichnet. Durch Lobeshymnen auf die Geschwisterkinder fühlt sich das Kind noch stärker unter Druck gesetzt. Das Selbstwertgefühl wird spürbar beeinträchtigt.

So kann man Nina helfen!

Silke und Bernd lieben ihre Kinder und sie üben genug Selbstkritik, um eigene Fehler einzugestehen und entsprechend zu handeln. Nach dem langen Abend wollen sie ihr Verhalten grundlegend ändern.

Und sie sind dabei, zu verstehen, dass man bei Kindern nicht nur eigene Wertmaßstäbe verwirklichen kann, sondern auch akzeptieren muss, wenn sie sich anders entwickeln als erwartet.

Viele Kinder haben unterschiedlich ausgeprägte Fähigkeiten. Es gibt Fächer und Gebiete, auf denen sie erfolgreich sind, sogar Spitzenleistungen bringen. Aber es gibt eben auch Bereiche, in denen dieselben Kinder unterdurchschnittliche Leistungen erbringen. So sind zum Beispiel mathematisch begabte Kinder besonders in den Fächern, die mit Sprache zu tun haben, weniger leistungsstark. Auffallend ist allerdings der Zusammenhang zwischen mathematischer und musikalischer Begabung. Auch die sogenannte Hochbegabung ist oft nur in speziellen Bereichen ausgeprägt und geht nicht quer durch alle Fächer.

Eltern müssen akzeptieren, wenn die Kinder sich anders entwickeln als erwartet.

Und: Schulische Noten sind nicht das Maß aller Dinge. Eltern werden ihrem Kind nicht gerecht, wenn sie es auf seine schulischen Leistungen reduzieren. Es ist nicht nur Schulkind, sondern auch Tochter oder Sohn, Freund oder Freundin, Enkel – eben ein Mensch mit vielen Facetten.

Nina ist im musikalischen Bereich sehr stark und mathematisch begabt. Aber in Deutsch und Englisch steht sie zwischen Vier und Fünf, und das, obwohl sie dreimal in der Woche Nachhilfe bekommt und täglich zwei bis drei Stunden für die Schularbeiten braucht. Ihre Mutter Silke ist zu Hause und unterstützt das Mädchen dabei intensiv.

„Wir können nicht mehr tun", ist ihr Fazit. Und auch Bernd sieht ein, dass er seiner Tochter keinen Gefallen tut, wenn er sie noch zu weiteren Leistungen zwingt. „Dann müssen wir in den sauren Apfel beißen und sie vom Gymnasium nehmen. Aber wie soll sie denn auf der Realschule wieder Mut bekommen, weiterzumachen?"

Silke hat eine Idee! „Erfolg macht stark" hat sie einmal von ihrem Vater gehört. Dieser Satz geht ihr jetzt wieder dauernd im Kopf herum. „Wenn Nina einmal erlebt, dass sich Leistung lohnt, dass sie auf einem Gebiet besser ist als andere, dann würde sie bestimmt wieder Mut bekommen, in allen Fächern weiterzuarbeiten. Und sie würde wieder Lebensfreude haben. Da bin ich sicher."

Erfolg macht stark und Lust aufs Leben.

Silke hat recht. Hier liegt nach Ansicht führender Pädagogen die Kernbotschaft in der Kindererziehung. Ein starkes Kind hat Kraft, sich zu wehren, Mut, sich in eine neue Aufgabe zu stürzen, und die Ausdauer, auch eine Niederlage wegzustecken.

Silke weiß natürlich genau, auf welchem Gebiet ihre Tochter glänzen kann: in der Musik.

Sie hat seit sieben Jahren Unterricht an der örtlichen Musikschule und ist, nach Aussage der Lehrerin, eine sehr gute Schülerin. „Lass uns das ausbauen. Wenn sie einmal vor Publikum spielt und erlebt, wie schön es ist, von vielen Menschen Anerkennung zu bekommen, macht ihr das garantiert Mut", schlägt Silke ihrem Ehemann vor. Der ist begeistert.

Beide gehen zur Jugendmusikschule und sagen der Musiklehrerin offen, wo der Schuh drückt. Die sensible Frau verspricht ihre Unterstützung. „Ich werde Nina intensiv schulen und dafür sorgen, dass sie einen guten Part bei unserem nächsten Musikabend bekommt. Das Talent hat sie. Aber sie ist immer so still und schüchtern. Man merkt, dass etwas nicht stimmt. Es ist zu spüren, dass sie unter etwas leidet."

Als Silke und Bernd nach Hause gehen, fühlen sie sich zum ersten Mal seit Tagen wieder wohl. „Ich spüre es genau, wir sind auf einem guten Weg", sagt Bernd. „Langsam verstehe ich, was wir mit unserem Leistungsdruck bewirken. Wir machen das Mädchen nicht nur für die Schule kaputt, sondern auch fürs ganze Leben. Denn wenn sie diese starken Versagens- und Prüfungsängste nicht loswird, hat sie doch auch als Erwachsene keine Chance, sich im Beruf oder auch in einer Partnerschaft zu behaupten und glücklich zu werden. Da greift doch eins ins andere", meint er.

Leistungsdruck kann Kinder kaputt machen, für die Schule wie fürs Leben.

Das rät der Experte

Ein Kind, das durch zu viel Druck im Elternhaus immer ängstlicher und mutloser wird, kann kein widerstandsfähiger Erwachsener werden. Dieser Mensch wird immer zaudern, sich nichts zutrauen und vielleicht Gefahr laufen, als Mitläufer in falschen Kreisen unterzugehen.

Eltern, die erkennen, dass sie zu viel Druck ausgeübt haben, brauchen für ihr weiteres Vorgehen keinen Fachmann zurate ziehen. Mit Liebe und einer großen Portion Einsicht können sie ihrem Kind helfen. Aber sie sollten systematisch vorgehen und auch das familiäre Umfeld, bei Nina wären das die Großeltern und die beiden erwachsenen Geschwister, informieren, sodass alle an einem Strang ziehen.

Mit Liebe und Einsicht hilft man dem Kind am meisten.

Alle müssen sich auf die konkreten Bedürfnisse des betroffenen Kindes einstellen. Nina ist ein etwas verträumtes Mädchen, das viel Raum für sich braucht, das gern allein ist, auf dem Cello übt und mit dauerhaftem Druck nicht zurechtkommen kann.

Kinder wie Nina machen innerlich dicht, fressen aber die Wahrnehmung regelrecht in sich hinein, enttäuscht zu haben, nicht zu genügen. Das Ergebnis zeigt sich dann in körperlichem Versagen.

Wenn das komplette Umfeld bestimmte Spielregeln einhält, kann es solchen Kindern innerhalb kürzester Zeit besser gehen. So sollten alle das Bemühen loben, nicht die Noten. Ein Schulwechsel wird nicht als Katastrophe gesehen, sondern als Lösung. Die Eltern können etwa benachbarte Realschülerinnen einladen und von der neuen Schule erzählen lassen. Das betroffene Kind verliert dadurch etwas die Angst vor einem Schulwechsel. Es hat ja dort schon Ansprechpartner. Dazu stärkt die Gewissheit, dass die Familie den Schritt akzeptiert, ja sogar unterstützt.

Ein Schulwechsel ist keine Katastrophe, sondern die Lösung.

Um Nina das Sitzenbleiben zu ersparen, haben die Eltern sie schon vor dem Ende des Schuljahres zur Realschule umgemeldet. Dort wird sie ins 6. Schuljahr wechseln. Man traut ihr zu, dass sie das Leistungsvermögen hat und das Realschuljahr mit guten Noten schaffen kann. Die Unterstützung durch die Eltern, die weniger aus Druck als aus Motivation besteht, hilft ihr dabei.

Es ist übrigens auch so gekommen. Nina hat mit einem überdurchschnittlichen Zeugnis die 6. Klasse geschafft.

Im Weihnachtskonzert der Musikschule meisterte sie ein Solo mit Bravour. Die ganze Familie war da und hat sie begeistert gefeiert. „Dieses Erfolgserlebnis hat sie richtig angespornt. Sie übt jetzt von sich aus täglich und ist sogar zu einer Austauschfahrt mit einer englischen Orchestergruppe eine Woche durch Cornwall gefahren", berichtet Silke.

Der Erfolg in der Musik hat das Mädchen nicht nur stolz, sondern auch selbstsicher gemacht. Ein Jahr später hatte sie mit der Nina, die sich sonst oft morgens übergeben musste und tagelang unter Bauchschmerzen litt, nichts mehr zu tun.

„Unsere Nina ist mittlerweile eine gute Schülerin, sie lacht viel und hat einen großen Freundeskreis. Für den Sommer hat sie eine Einladung in die USA. Dort darf sie ein amerikanisches Jugendorchester bei einer Wohltätigkeitskonzertreise begleiten. Bei der Gelegenheit kann sie auch prima ihre Englischkenntnisse vertiefen. Wenn alles klappt, wird sie bestimmt nach der 10. Klasse auf ein Fachgymnasium wechseln und doch noch ihr Abitur machen", träumt Silke.

Doch Bernd bremst sie sofort. „Man kann auch ohne Abitur ein erfülltes und erfolgreiches Leben führen. Wir warten ab, wie sich unsere Nina entwickelt. Im Moment sieht es jedenfalls glänzend aus."

Es ist das Zusammenspiel von Schule, Elternhaus und eigenem Vermögen, das zu diesem positiven Ende geführt hat.

Der Prüfungsangsttest:
Wann leidet Ihr Kind an Prüfungsangst?

Mit diesen sieben Fragen können Sie den Ursachen der Prüfungsangst Ihres Kindes auf den Grund gehen.

1. Tritt die Angst, zum Beispiel vor Klassenarbeiten, bereits bei der Vorbereitung oder erst beim Austeilen der Aufgaben ein?
2. Gibt es die Prüfungsangst in allen Fächern oder nur in bestimmten?
3. Tritt die Prüfungsangst bei bestimmten Prüfern auf?
4. Hängt die Angst mit den Reaktionen einiger Mitschüler zusammen?
5. Treten die Ängste gleichermaßen bei schriftlichen wie mündlichen Tests auf?
6. Hat Ihr Kind Angst, vor der Lerngruppe Ergebnisse zu präsentieren?
7. Zeigt Ihr Kind körperliche Symptome wie Schweißausbrüche oder Zittern?

Testauswertung

Anhand der Fragen können Sie herausfinden, in welchen konkreten Situationen bei Ihrem Kind Prüfungsangst entsteht. Nehmen Sie Kontakt mit der Schule auf und treffen Sie mit den zuständigen Lehrern oder Lehrerinnen Vereinbarungen, wie die Ängste Ihres Kindes vermindert werden können.

Was Eltern tun können

- **Zeigen Sie Verständnis.** Machen Sie Ihrem Kind klar, dass Sie Verständnis für seine Ängste haben. Sie können Ihrem Kind helfen, wenn es selbst seine Probleme akzeptiert. Viele Kinder schämen sich ihrer Ängste und geben dies nicht zu.

- **Machen Sie Ihrem Kind Mut.** Erreichbare Ziele und positive Verstärker wie „Du schaffst das!" helfen und machen Mut. Loben Sie das Kind, auch wenn es sich nur wenig verbessert hat.

- **Sprechen Sie nicht dauernd über seine Ängste.** Wenn das Kind ständig an diese Schwäche erinnert wird, führt das nur zu neuem Stress.

- **Formulieren Sie hilfreiche Gedanken.** Bestärkende Sätze wie „Fehler sind kein Beinbuch!" und „Es gibt Schlimmeres als eine Fünf!" helfen Ihrem Kind, gelassener zu werden.

- **Stärken Sie das Selbstbewusstsein.** Eltern können viel dazu tun, dass ihr Kind weniger Angst hat und Selbstbewusstsein aufbauen kann. Wichtig ist, dass sie die schulischen Noten nicht für das Maß aller Dinge nehmen. Die Fixierung auf die Lernergebnisse erhöht den Prüfungsdruck in nicht angemessener Weise. Sorgen Sie dafür, dass auch die Familienangehörigen den Zensuren einen nicht zu hohem Stellenwert beimessen.

- **Lieben Sie Ihr Kind bedingungslos.** Nehmen Sie sich unbegrenzt Zeit für Ihr Kind; oft hilft ein Gespräch. Selbstbewusstsein braucht Nektar, und dieser Nektar heißt Liebe, Lob, Anerkennung und Geborgenheit. Zeigen Sie Ihrem Kind, dass Sie es unabhängig von den Ergebnissen der Klassenarbeiten lieben. Loben Sie Ihr Kind für sein Bemühen. Loben Sie Ihr Kind für Leistungen, die nichts mit Schule zu tun haben. Lobenswerte Situationen finden sich etwa, wenn das Kind im Haushalt oder bei der Gartenarbeit mithilft oder sich um die kleinen Geschwister, den Nachbarn kümmert.

- **Helfen Sie bei den Hausaufgaben.** Geben Sie Ihrem Kind Sicherheit durch gezielte Lernvorbereitung und begleiten Sie es bei den Hausaufgaben. Vereinbaren Sie feste Zeiten für die Schularbeiten. Bereiten Sie mit Ihrem Kind die Leistungsüberprüfung vor, die fast immer die Grundlage für die Klassenarbeiten ist.
- **Sorgen Sie für einen guten Arbeitsplatz.** Dort sollte Ihr Kind ein gutes Ordnungssystem vorfinden und vor Ablenkungen gefeit sein. Ein Fernseher gehört nicht ins Kinderzimmer!
- **Sorgen Sie für eine gesunde Ernährung.** Obst und Säfte machen fit und sollten reichlich auf dem Speiseplan stehen. Cola und Chips haben darauf nichts verloren.
- **Sorgen Sie für Ruhephasen.** Planen Sie am Tag vor der Klassenarbeit bewusst Ruhepausen für Ihr Kind ein und lassen Sie ihm genügend Zeit zum Spielen und Träumen. Denken Sie daran, das Bemühen um Erfolg anzuerkennen.
- **Erarbeiten Sie einen Lernplan.** Stellen Sie mit Ihrem Kind für die ganze Woche einen Lernplan auf und ach-

ten Sie darauf, dass er auch eingehalten wird. In kleine Häppchen eingeteilt ist der Lernstoff wesentlich besser verdaulich.

- **Sorgen Sie für Entspannung.** Bewegung entspannt. Einmal am Tag sollte sich Ihr Kind austoben, Sport treiben, richtig auspowern. Insbesondere vor Prüfungstagen ist es wichtig, dass es gut und tief schlafen kann. Es sollte rechtzeitig zu Bett gehen und alles vermeiden, was „aufdreht" – Fernsehen, Auseinandersetzungen und angsteinflößende Ermahnungen.

Zehn Dinge, die Sie auf jeden Fall beachten sollten

1. Lassen Sie Ihr Kind nie mit seinen Problemen allein.
2. Stellen Sie Fragen und hören Sie aufmerksam zu!
3. Vermeiden Sie es, die Prüfungsangst zu thematisieren.
4. Setzen Sie Ihr Kind niemals mit Sätzen wie diesem unter Druck: „Nur wenn du das Abitur schaffst, kannst du im Leben erfolgreich sein."
5. Setzen Sie niemals Liebesentzug als Druckmittel ein.
6. Drohen Sie niemals mit Strafe, wenn das Kind erneut scheitert.
7. Zeigen Sie keine eigenen Ängste: „Wenn du von der Schule musst, ist alles aus!"
8. Stellen Sie keine unerreichbaren Vorbilder auf.
9. Verwenden Sie niemals Wörter wie „Katastrophe" oder „Versagen".
10. Zwingen Sie das Kind nicht zu überlangen Arbeitsphasen.

| | | Der Extratipp

Werden Sie hellhörig, wenn Ihr Kind Sätze wie die folgenden sagt. Das sind untrügliche Zeichen. Spätestens jetzt ist es Zeit für einen Kurswechsel.

„Ich darf keine 5 oder 6 schreiben; sonst ist alles aus."

„Wenn ich mich melde, kriege ich bestimmt kein Wort heraus. Das wäre peinlich."

„Ich darf keinen Fehler machen."

„Ich habe immer Pech; ich kann gar nichts."

„Alle halten mich für einen Versager."

„Mir ist sowieso alles egal."

„Wenn ich das nicht schaffe, mögen mich meine Eltern nicht mehr."

„Mein Lehrer ist gegen mich."

„Wenn ich schlechte Noten heimbringe, bestrafen mich meine Eltern."

„Ich schaff das sowieso nicht."

Konzentrationsschwäche

„Gute Konzentrationsfähigkeit ist der Schlüssel zum Erfolg in allen Lebensbereichen sowie zur Kultivierung und Entwicklung aller körperlichen, geistigen und emotionalen Fähigkeiten." Swami Sivananda Radha

„Er könnte auf einer glatten Zwei stehen, wenn er sich besser konzentrieren würde" – ein Satz, den Eltern auf Elternsprechtagen oft zu hören bekommen.

Denn Konzentrationsstörungen sind heute ein maßgeblicher Grund dafür, dass Kinder in der Schule scheitern. Wer sich nicht auf die Lerninhalte konzentrieren und sich nicht motivieren kann, nimmt nichts auf, versteht nichts, fällt schulisch zurück.

Das Kind gerät in einen Spannungsbogen aus Leistungsdruck und Anspannung, was wiederum dazu führt, dass es sich noch weniger konzentrieren kann. Ein verhängnisvoller Kreislauf.

Das Wort „Konzentration" kommt aus dem Lateinischen (concentra) und heißt so viel wie „zusammen zum Mittelpunkt". Wer sich konzentriert, richtet, ähnlich wie ein Scheinwerfer, seine geistige Kraft auf eine bestimmte Sache und lässt sich dabei nicht von der Umgebung ablenken; er blendet sie zeitweise einfach aus.

Konzentration ist aber nur begrenzt eine Frage des Willens. Um konzentriert arbeiten zu können, sind Selbstorganisation und Lerntechniken, aber auch emotionale Gelassenheit und Motivation notwendige Voraussetzungen. Erst wenn dieses Zusammenspiel aller Faktoren stimmt, klappt es mit der Konzentration. Und damit ist klar, wo Eltern ansetzen müssen. Stimmt

Konzentration ist nicht nur eine Frage des Willens.

die Voraussetzung, damit sich das Kind konzentrieren kann, und weiß das Kind, warum es sich konzentrieren, also lernen soll, dann „flutscht" es auch. Mit den ersten Erfolgen kommt der Fleiß im Doppelpack und Lernen macht plötzlich Spaß.

„Ich kann mir das alles einfach nicht merken!"

Benita (12): Sie geht in die 7. Klasse des Gymnasiums.

„Deutsch: 5, Mathe: 5, Englisch: 5! Dein Zeugnis ist echt schlecht. Bist du dir eigentlich darüber im Klaren, was das heißt? Wenn du so weitermachst, schaffst du das Schuljahr nicht. Drei Fünfer, das heißt, wenn sich nichts ändert, bleibst du sitzen."

Die 42-jährige Steuerfachgehilfin Carola ist ratlos. Das Halbjahreszeugnis ihres einzigen Kindes ist niederschmetternd. Unruhig geht die Mutter im Wohnzimmer auf und ab, macht sich Gedanken, warum ihre Tochter Benita so schlechte Noten nach Hause bringt.

Benita geht in die 7. Klasse des Gymnasiums. Schon die Versetzung in die 7. Klasse war denkbar knapp gewesen. Damit es ein Jahr später nicht wieder eine Gratwanderung wird, haben sich Carola und ihr Mann Sven (45), ein Sparkassenangestellter, entschieden, kräftig in Nachhilfe zu investieren. Zwei Stunden pro Woche geht Benita jetzt in ein Nachhilfeinstitut. Gebracht hat die professionelle Unterstützung aber offensichtlich wenig.

„Wenigstens in Deutsch und Englisch habe ich mit einer Vier gerechnet. Die letzten Arbeiten sind doch gar nicht so schlecht ausgefallen. Im Vokabeltest kürzlich hattest du doch eine Drei! Warum hast du denn in diesen Fächern auch eine Fünf?", will Carola wissen. Benita sitzt mit gesenktem Kopf auf dem Sofa. Sie zuckt nur hilflos mit den Schultern. Sie weiß doch auch nicht, warum sie so schlecht in der Schule geworden ist.

Was ist los mit Benita?

Früher, auf der Grundschule, war das Mädchen eine Spitzenschülerin. Auch in der 1. Klasse des Gymnasiums lief alles prima. Aber dann setzte ein richtiger Sturzflug aus dem Notenhimmel ein.

„Ich mache mir Sorgen", sagt Carola jetzt laut. „Was ist nur mit dir los? Meine Güte, Benita, nun sag doch mal, was ist. Ich will dir doch helfen!"

Doch Benita hilft nicht mit, eine Lösung zu finden. Sie weint. Auch als abends ihr Vater Sven nach Hause kommt, herrscht bei allen drei Ratlosigkeit.

„Drei Fünfer – wie soll sie das bloß schaffen?", fragt er Carola. „Ob es doch besser ist, sie in die Realschule zu schicken? Vielleicht ist sie einfach überfordert!"

Carola stoppt sofort die Diskussion. „Das ist Unsinn. Du weißt, wie intelligent sie ist. Alle Lehrer haben uns bestätigt, dass sie aufs Gymnasium gehört. Irgendetwas stimmt da nicht."

Sven nickt jetzt nachdenklich. „Vielleicht hast du recht. Irgendetwas passt da nicht. Mir fällt immer auf, wie schlecht sich Benita konzentrieren kann. Sie kann sich doch kaum länger als zehn Minuten einem Thema widmen. Erinnere dich, als ich mit ihr für die letzte Englischarbeit geübt habe und sie Vokabeln lernen sollte. Das hat überhaupt nicht geklappt. Ich hatte den Eindruck, dass sie sich nichts richtig merken kann. Was um drei Uhr nachmittags sitzt, hat sie am Abend schon wieder

Was um 15 Uhr sitzt, hat Benita abends schon vergessen.

vergessen – es ist fast so, als hätte sie die Vokabeln noch nie gelesen. Wenn das bei anderem Lernstoff auch so ist, brauchen wir uns über die Noten nicht zu wundern."

Natürlich ist auch Carola schon aufgefallen, dass sie mit ihrer Tochter kaum arbeiten kann. Die Gedanken schweifen immer ab und das Mädchen hat eindeutig Mühe, zwischen wichtigen und unwichtigen Beobachtungen zu unterscheiden.

„Sie ist sehr langsam bei ihren Hausaufgaben. Wenn sich ihre Freundinnen verabreden, sitzt Benita immer noch über den Schulaufgaben. Vieles will ihr erst gar nicht in den Kopf. Vieles vergisst sie schnell wieder. Und richtig pauken fällt ihr schwer."

Warum kann sich Benita nicht konzentrieren?

Es ist deutlich: Benita leidet an Konzentrationsschwierigkeiten. Und ist damit kein Einzelfall an deutschen Schulen. Nach Auskunft von Lehrern sind circa 20 Prozent aller Schüler konzentrationsgestört. Die Konzentrationsfähigkeit spiegelt sich vor allem in der Kapazität des Arbeitsgedächtnisses wider, das erst mit 25 Jahren die größte Leistungsfähigkeit erreicht.

Beim fünfjährigen Kind ist die Fähigkeit des Zwischenspeicherns, etwa beim Kopfrechnen, noch sehr schwach ausgebildet und selbst ein 12- oder 14-Jähriger kann sich noch nicht so lange und intensiv konzentrieren wie ein 18-Jähriger. Konzentrationsstörungen bei Schülern werden also auch oft leichtfertig von den Lehrern diagnostiziert, da sie von einer maßlos überschätzten Konzentrationsfähigkeit ausgehen. Von Bedeutung sind selbstverständlich auch die individuell unterschiedlichen Veranlagungen bei Kindern. Im Durchschnitt „normal" wäre eine Konzentrationsdauer von etwa 15 Minuten bei Kindern im Alter von 5 bis 7 Jahren und von 20 Minuten im Alter von 7 bis 10 Jahren. Bei 10- bis 12-Jährigen beträgt sie 20 bis 25 Minuten, bei 12- bis 14-Jährigen 30 Minuten.

Daraus wird ersichtlich, dass etwa die Dauer einer normalen Unterrichtsstunde mit 45 Minuten auf diesen Sachverhalt wenig Rücksicht nimmt beziehungsweise es dem Lehrer überlassen ist, durch einen sinnvollen Unterrichtsaufbau dieses Konzentrationsvermögen einzuplanen.

So weiß jeder gute Lehrer, dass im Anschluss an eine Klassenarbeit kaum ein konzentrierter Mathematikunterricht möglich ist, da die Prüfungssituation die Fähigkeit zur Konzentration der meisten Kinder ausgereizt hat.

Aber Konzentration lässt sich trainieren. Sie ist nicht angeboren, sondern wird im Laufe der Kindheit erlernt. Zwar bringen fast alle Kinder die Grundfähigkeit mit auf die Welt, ihre Aufmerksamkeit ganz nur auf eine Sache auszurichten, die Intensität und Dauer ist jedoch ein langer Lern- und Reifungsprozess.

Die gute Nachricht: Konzentration lässt sich trainieren.

Und ob Konzentration gelingt, hängt auch von der Tageszeit ab: Am Abend oder schon am Nachmittag, wenn ein Kind müde ist, nimmt die Fähigkeit ab, sich zu konzentrieren.

So kann man Benita helfen!

Bevor man sich Gedanken darüber macht, ob ein Kind Konzentrationsprobleme hat, sollte man es einfach mehrmals bei seinen Tätigkeiten beobachten. Schauen Sie genau hin: Arbeitet Ihr Sohn oder Ihre Tochter sorgfältig? Hält Ihr Kind Schwierigkeiten aus oder verzweifelt es schnell? Ist Ihr Kind müde oder verärgert?

Dass sich Kinder gern von inneren und äußeren Reizen ablenken lassen, ist völlig normal. Erst mit zunehmendem Alter erhöht sich die Fähigkeit, konzentriert an der Lösung einer Aufgabe zu arbeiten, wobei Konzentrations- und Entspannungsphasen einander abwechseln müssen. Jüngere Kinder bis circa 8 Jahre brauchen aber Bezugspersonen, die ihnen dabei helfen, nach der Erholungsphase erneut eine Konzentrationsphase einzuleiten.

Sven und Carola lassen sich einen Termin mit Benitas Klassenlehrerin geben. Die bestätigt, was die Eltern schon vermutet hatten: Benita wirkt seit einigen Wochen im Unterricht unkonzentriert.

So stellt sie häufig Fragen nach Sachverhalten, die die Lehrerin erst wenige Minuten zuvor erklärt hat. „Ich habe oft den Eindruck, dass sie innerlich gar nicht anwesend ist", äußert die Lehrerin. Dazu passt ihre Wahrnehmung, dass Benita häufig die Schulsachen nicht komplett dabeihat. Wenn sie etwas zu einem Thema sagen soll, verliert sie rasch den Faden. „Sie hat eine chaotische Gesprächsführung, hüpft vom Hölzchen aufs Stöckchen und wirkt sehr oft nervös und fahrig."

Die engagierte Klassenlehrerin vermutete bislang, dass es mit der beginnenden Pubertät zusammenhängt. Denn insgesamt ist die Klasse seit einiger Zeit sehr unruhig und schwer zu führen. Benita scheint sich für einen Jungen aus der Klasse zu interessieren. Ihre Aufmerksamkeit ist mehr darauf gerichtet, ihm zu gefallen, als dem Unterricht zu folgen. Jetzt, nach dem Gespräch mit den Eltern, will sich die Lehrerin verstärkt dafür einsetzen, dass Benita ihr Augenmerk künftig wieder mehr auf den Unterrichtsstoff richtet.

„Benita wird ab morgen in der ersten Reihe sitzen. Dann kann sie nicht mehr so leicht abgelenkt werden. Außerdem werde ich ihr in Deutsch und Englisch Hausaufgaben aufgeben, die sie besser abschnittsweise lernen kann. Für Nachfragen bekommt Benita meine E-Mail-Adresse. Dafür schickt sie mir täglich bis 18 Uhr das Pensum, das sie geschafft hat. Hat sie

„Ab morgen sitzt Benita in der ersten Reihe. Da wird sie nicht abgelenkt."

bis zum Ende des Monats alle Arbeiten sorgfältig erledigt, bekommt sie von mir einen Hausaufgabengutschein, das heißt, Benita muss an einem Tag ihrer Wahl keine Schulaufgaben erledigen."

Von den Eltern erwartet die Lehrerin systematische Unterstützung. Konzentration ist nicht auf Knopfdruck abrufbar. Sie ist vielmehr von verschiedenen Faktoren abhängig. Die Eltern sollen ihr häusliches Alltagsleben auf den Prüfstand stellen und herausfinden, was bei Benita zu Hause die Konzentration beeinträchtigen könnte. Und dafür sorgen, dass diese Störfaktoren abgestellt werden.

Das rät der Experte

Konzentrationsstörungen haben viele Ursachen. Häufig ist einfach Schlafmangel schuld, wenn sich Kinder nicht mehr richtig konzentrieren können. Als Faustregel gilt: Kinder zwischen 9 und 14 Jahren brauchen im Durchschnitt zehn Stunden Schlaf.

Auch Reizüberflutung kann das Konzentrationsvermögen „auspowern". Kinder wachsen in einer Welt auf, die von vielen Reizen und einem schnellem Wechsel zwischen verschiedenen Tätigkeiten gekennzeichnet ist. Sie erlernen regelrecht die Unkonzentriertheit. Und verlernen dabei ihre Fertigkeit, sich stundenlang etwa mit einem Spielzeug oder einem Buch zu beschäftigen und sich damit auf etwas zu konzentrieren.

Die Elternhäuser sind schlechte Vorbilder geworden. Auch Erwachsene machen viel zu viel gleichzeitig und dann alles nur halb. Beim Abendessen läuft der Fernseher, ein Kind sitzt am PC, die Mutter erzählt von der Arbeit und der Vater kocht eine Suppe. Äußerlich sieht das nach Miteinander aus. Aber in Wirklichkeit rauschen an allen Familienmitgliedern die Reize nur vorüber. Von Aufnahme kann man nicht sprechen.

Viele Kinder lernen die Unkonzentriertheit im Elternhaus.

Dazu erschöpft ein umfangreiches und straffes Freizeitprogramm die körperlichen und geistigen Reserven der Kinder. Heutzutage muss schon bei Grundschulkindern immer etwas los sein. Ruhe- und Erholungsphasen werden viel zu selten eingelegt.

Auch Sorgen beeinträchtigen die Konzentration. Wenn Kinder sich nicht wohlfühlen oder belastet sind, können sie sich nicht konzentrieren. Die Pubertät ist für Kinder eine schwierige Umbruchzeit, in der sie sehr mit sich selbst beschäftigt sind. Leistungsabfall ist da ein häufiges Phänomen. Aber auch andere psychische Vereinnahmungen wie Liebeskummer oder Streit mit dem besten Freund können die Aufmerksamkeit stark einschränken. Familienprobleme, Scheidung oder Tod eines Angehörigen lassen zeitweise eine Konzentration überhaupt nicht zu. Denn Traurigkeit, Stimmungstiefs und Angst setzen der Psyche so stark zu, dass für andere Dinge nicht mehr viel Energie übrig bleibt.

Eltern sollten nicht zusätzlich noch zu weiteren Anspannungen und Belastungen beitragen, indem sie die Kinder ermahnen oder strafen. Im Gegenteil: Ein Kind braucht Lob und Anerkennung dann am dringendsten, wenn es dies am wenigsten verdient hat! So ist Schimpfen nach einer schlechten Klassenarbeit wenig hilfreich und kaum das geeignete Mittel, dass sich das Kind mit neuer Energie konzentriert an die Hausaufgaben oder zusätzliches Üben macht.

Kinder brauchen Lob am dringendsten, wenn sie es am wenigsten verdient haben.

Um sich zu konzentrieren. braucht unser Gehirn Sauerstoff. Wer sich an frischer Luft bewegt, ist bestens versorgt. Doch viele Kinder treiben in ihrer Freizeit keinerlei Sport. Nur etwa 60 Prozent der 14-Jährigen treiben regelmäßig Sport. Und mit zunehmendem Alter nimmt die Quote noch mehr ab, das heißt, es gibt immer mehr Stubenhocker.

So wichtig wie der Sauerstoff sind Nährstoffe, denn durch einen Nährstoffmangel kann es zu Konzentrationsstörungen kommen. Wer sich einseitig und ungesund ernährt und unregelmäßig isst, sorgt dafür, dass wichtige Nährstoffe nicht mehr in ausreichender Menge aufgenommen werden. Doch nur wenn das Gehirn und die Nerven optimal mit allen Nährstoffen versorgt sind, kann sich der Mensch konzentrieren. Besonders wichtig ist dabei, dass der Körper regelmäßig mit Energie versorgt wird. Daher sind regelmäßige Mahlzeiten so wichtig.

Die Eltern können bei den Schularbeiten Rücksicht auf eine Konzentrationsschwäche nehmen, indem sie einen festen Arbeit-Pausen-Rhythmus festlegen, zum Beispiel einen Zehnminutentakt: zehn Minuten lernen, zehn Minuten Pause usw. Nach und nach verlängern sie die Arbeitsphase, zum Beispiel jede Woche um zwei Minuten, behalten aber die Pausenlänge unverändert bei.

Sven und Carola haben ihr häusliches Alltagsleben auf den Prüfstand gestellt und vieles geändert. So sind Fernseher und andere Medien für alle Familienmitglieder auf eine Nutzungsdauer von einer Stunde täglich reduziert worden. Es gibt regelmäßige gemeinsame Mahlzeiten, für die 30 Minuten angesetzt sind und die auch nicht früher beendet werden. Die Handys sind in dieser Zeit aus, E-Mails werden nicht kontrolliert, die Haustür bleibt zu. Diese Zeit gehört der Familie, zum Reden, Lachen, Planen. „Es macht Spaß, in Ruhe

Planen Sie im Alltag gemeinsame Zeit mit der Familie ein.

etwas zu erzählen und auch Antworten zu bekommen", stellt Carola fest.

||| **Wie wichtig ist Ruhe?**

Sie ist ungemein wichtig! In einer ruhigen Umgebung lernt das Kind ruhig, motiviert und konzentriert zu sein. Bereits ein einjähriges Kind kann etwa eine Stunde lang konzentriert Legosteine zusammenstecken und wieder auseinandernehmen. Wird das Kind allerdings häufig beim Spielen unterbrochen, verlernt es nach und nach diese Fertigkeiten. Es wird durch diese Störungen daran gewöhnt, sich in immer kürzeren Zeiteinheiten zu beschäftigen. Umgekehrt kann man das Kind aber auch wieder dahin führen, dass es sich lange mit einer Aufgabe beschäftigt.

Wenn Eltern. Lehrer und Erzieher Ruhe ausstrahlen, erzeugen sie eine Atmosphäre, in der Konzentration möglich ist. Und konzentrierte Menschen sind ruhig, gelassen und kraftvoll!

Benita geht pünktlich um 20 Uhr ins Bett und an zwei Nachmittagen wurde ein Freizeitprogramm gestrichen. Benita hat dadurch Zeit zum „freien Spielen", kann lesen, basteln oder sich an der frischen Luft beschäftigen. Es sind auch Stunden, in denen sich wieder mehr Nähe zu den Eltern entwickelt. „Wenn ich im Garten arbeite, macht sie einfach mit. Dann erzähle ich ihr von meinen Tricks bei der Blumenpflege oder wie ein Maulwruf lebt. Früher hatten wir nie solche Gelegenheiten", so Carola.

Einmal in der Woche geht Benita jetzt zum Tennis. Und das Beste: Ihre Mutter macht mit. Demnächst steht das erste Match an. Ein wichtiger Schritt! Denn Untersuchungen belegen, dass Kinder, die körperlich aktiv sind, wesentlich konzentrierter lernen können als Kinder, die keinen Sport treiben. Wenn die Motivation fehlt, sollten Eltern Vorbild sein. Regelmäßiges gemeinsames Joggen oder Radfahren fördert den sportlichen Einstieg.

Benita hat nur am Anfang gezögert, mitzumachen. Denn sehr schnell hat sie erlebt, wie gut ihr das neue „Familienprogramm" tut. In der Schule hatte sie plötzlich mehr Freude am Lernen und bessere Noten. Erfolg, der ihr auch in der Freizeit zugutekam. Sie hatte wieder Lust, sich mit Freundinnen zu treffen. Ihr guter Notendurchschnitt machte sie selbstbewusst und unternehmungslustig, so hatte sie auch außerhalb der Schule ein ganz anderes Auftreten.

„Sie ist immer präsent", schwärmt Carola. „Man merkt, dass sie zuhört, interessiert ist. Für den Sommer hat sie sich eine Sprachreise nach England gewünscht. Wir haben ihr das zugesagt. Unser Kind ist nicht wiederzuerkennen!"

Übrigens hat Benita die Versetzung in die 8. Klasse spielend geschafft. Die gezielte Förderung im Elternhaus war die Grundlage dazu. „Wir haben uns strikt an unsere Vorgaben gehalten. Und ganz nebenbei haben Carola und ich auch davon profitiert. Ich bin im Job viel leistungsfähiger als früher, habe es sogar geschafft, mehr Freizeit zu haben. Und meine Frau ist insgesamt viel ausgeglichener", freut sich Sven.

Der Konzentrationstest:
Hat Ihr Kind Konzentrationsprobleme?

Für jedes Ja gibt es einen Punkt. Zählen Sie die Punkte am Schluss zusammen.

1. Kann Ihr Kind still am Tisch sitzen?
2. Kann es sich länger als eine halbe Stunde allein beschäftigen?
3. Kann es sich beim Spielen konzentrieren?
4. Kann es sich bei seinen Hausaufgaben konzentrieren?
5. Lässt Ihr Kind andere ausreden?
6. Kann Ihr Kind nachts durchschlafen?
7. Lässt sich Ihr Kind nicht leicht ablenken?
8. Kann es mit Ausdauer an einer Sache arbeiten?
9. Ist Ihr Kind ausgeglichen?
10. Achtet es darauf, Regeln einzuhalten?

Ergebnis: _____ Punkte

Testauswertung

0–4 Punkte: Ihr Kind hat eine deutliche Konzentrationsschwäche. Helfen Sie ihm, diese zu überwinden.

5–7 Punkte: Sorgen sind berechtigt; sprechen Sie mit einem Schulpsychologen oder Kinderarzt darüber.

8–10 Punkte: Alles in Ordnung. Ihr Kind kann sich gut konzentrieren.

Was Eltern tun können

- **Spielen Sie öfter Spiele.** Spielen ist Nektar für das Familienleben. Der Konzentrationsfähigkeit förderlich sind Spiele wie Memory, Scrabble und Sudoku. Puzzles erfordern Geduld und Genauigkeit. All dies gibt es in unterschiedlichen Schwierigkeitsgraden.

- **Gewöhnen Sie sich einen ruhigen Lebensstil an.** Tun Sie in Ruhe und bewusst, was sie tun, und lassen Sie das Kind daran teilnehmen. Es wird Ihnen darin bald nacheifern.

- **Eins nach dem anderen.** Machen Sie nicht mehrere Dinge gleichzeitig, sondern alles nacheinander, und erklären Sie Ihrem Kind, warum Sie das tun. Dann wird es sich ein Beispiel daran nehmen.

- **Schaffen Sie gegenseitiges Vertrauen.** Hören Sie zu, wenn Ihr Kind mit Ihnen spricht, und antworten sie gezielt. Ermuntern Sie das Kind umgekehrt, dies auch zu tun.

- **Schulen Sie Ihre Wahrnehmungsfähigkeit.** Entdecken Sie zusammen mit Ihrem Kind noch einmal die Natur. Wie viele Grüntöne können Sie im Wald unterscheiden? Welche Formen haben die Blütenblätter von Blumen? Welche Gegenstände erkennen Sie blind durch Abtasten? Welche Geräusche können Sie identifizieren, wenn Sie genau hinhören?

- **Keine Unterbrechungen.** Lassen Sie sich nicht unterbrechen, wenn Sie gerade etwas tun, und unterbrechen Sie auch Ihr Kind nicht.

- **Sorgen Sie für Bewegung.** Ihr Kind soll sich so richtig auspowern. Am besten macht es zusammen mit Ihnen Sport oder geht in einen Verein.
- **Bringen Sie Regelmäßigkeit ins Leben.** Sorgen Sie für einen regelmäßigen Tagesablauf und für feste Rituale in der Familie. Beispiel: das gemeinsame ausgedehnte Sonntagsfrühstück.
- **Sorgen Sie für Ruhe bei den Hausaufgaben.** Lassen Sie Ihr Kind immer im eigenen Zimmer bei geschlossener Tür arbeiten. Es soll seine Aufgaben in Ruhe, ohne Ablenkung oder Störung, erledigen können.
- **Achten Sie auf gesunde Ernährung.** Dazu gehören viel frisches Obst und Gemüse sowie Vollkornprodukte.

||| Extratipps

Im Spielen wird der Boden für die spätere Konzentrationsfähigkeit bereitet. Das Spielzeugangebot im Kinderzimmer sollte allerdings überschaubar bleiben und auch eine gewisse Ordnung ist nötig. Bitten Sie das Kind regelmäßig, ein Spiel herauszusuchen, und kontrollieren sie so ganz unauffällig, ob es den Überblick hat.

Kinder brauchen Zeit für freies Spielen und kreative Zeit für sich. Halten Sie Ihrem Schulkind daher zwei Nachmittage pro Woche von Terminen aller Art frei.

Unsicherheit

> *„Nicht weil es schwer ist, wagen wir es nicht,*
> *sondern weil wir es nicht wagen, ist es schwer."*
>
> Lucius Annaeus Seneca

„Mama, ich traue mich nicht" – dieser Satz ist vielen Eltern wohlbekannt. Das schüchterne, ängstliche Kind möchte sich am liebsten hinter der Mutter verstecken und damit einer neuen, unbekannten Situation oder fremden Menschen ausweichen. Dem Kind fehlt Stärke, ihm fehlen Selbstbewusstsein und Selbstwertgefühl.

Untersuchungen mit 9- bis 12-Jährigen zeigen, dass sich in dieser Altersgruppe etwa 45 Prozent der Jungen und 55 Prozent der Mädchen als schüchtern, ängstlich oder hilflos bezeichnen, an Grundschulen sind es 65 Prozent aller Kinder. Diese Kinder haben – noch – nicht gelernt, sich in einer Umgebung jenseits des Elternhauses zu behaupten. Was fremd ist, schreckt sie ab. Statt sich in neue, unbekannte Situationen zu begeben, sich auszuprobieren und die eigene Stärke zu erfahren, ziehen sich schüchterne Kinder zurück in den sicheren Kokon des Vertrauten, und aus unsicheren Kindern werden mit der Zeit unsichere Erwachsene.

Aus unsicheren Kindern werden unsichere Erwachsene.

Doch Unsicherheit ist kein Schicksal. Man kann etwas dagegen tun. Denn Mut lässt sich vermitteln, und starke Kinder haben Mut.

„Ich habe immer Angst, dass ich etwas falsch mache!"

Jana (9): Sie geht in die 4. Klasse einer Grundschule.

„Jana ist im Unterricht sehr ruhig. Sie meldet sich nie und wenn ich sie drannehme, bekommt sie kaum einen Ton heraus. Sie schämt sich. Das möchte ich ihr gern ersparen, aber so kann es ja auch nicht weitergehen."

Annette (37) überraschen diese Sätze der Grundschullehrerin nicht. Sie weiß, dass ihre Tochter ein sehr stilles Mädchen ist. Schon im Kindergarten hat sie oft stumm in der Ecke gesessen und den anderen Kindern von Weitem beim Spielen zugesehen. Erst wenn eine Erzieherin kam und Jana in die Gruppe geführt hat, konnte sie in der Gruppe spielen. Von allein hätte sie diesen Schritt nie geschafft.

Jana ist sehr still und hat kaum Freunde.

„Jana ist sehr schüchtern", erklärt Annette. „Ich weiß nicht, warum das so ist. Aber sie ist auch zu Hause sehr, sehr unsicher."

Und dann erzählt sie, dass das Mädchen kaum Freunde hat und sich nur schwer von der Mutter lösen mag. Auf Fremde zuzugehen traut sie sich gar nicht. Sogar bei den Freunden der Eltern verhält sie sich ungewöhnlich ängstlich.

Die ersten Jahre hat das die Familie hingenommen, aber seit einigen Monaten machen sich die Eltern Sorgen. „Manchmal ist es uns sogar ein bisschen peinlich", sagt Annette. „Wenn Freundinnen von mir kommen, versteckt sich Jana hinter dem Sofa. Das kommt mir schon etwas ungewöhnlich vor und einige Verwandte haben uns auch schon darauf angesprochen." Auf deren Frage „Was ist bloß mit Jana los?" zuckt Annette dann immer ratlos mit den Schultern: „Ich weiß es doch auch nicht. Sie ist eben schüchtern."

Was ist los mit Jana?

Wenn Annette erzählt, klingt sie besorgt. Zumal sie sich nicht erklären kann, woher die Schüchternheit kommt. In der Familie hat Jana doch nichts zu befürchten.

Janas Vater Martin (39) ist Verwaltungsangestellter, Annette ist Hausfrau. Jana hat noch zwei Brüder, einer ist zwei Jahre jünger, der andere drei Jahre älter. Jana versteht sich bestens mit den beiden Jungen. Die Familie lebt in einem hübschen Reihenhaus. Die Großeltern wohnen nur ein paar Straßen weiter. In dieser Geborgenheit fehlt es Jana an nichts – nur an Selbstbewusstsein.

„Wir können uns nicht erklären, warum sie so ängstlich und unsicher ist", berichtet die Mutter. „Sie traut sich einfach nichts zu. Ihre Brüder spielen beide Tischtennis und haben sie schon mehrmals zum Training mitgenommen. Aber Jana steht dann nur in der Halle und starrt ängstlich vor sich hin. Sie schafft es nicht, einfach mitzuspielen. Man kann ihr ansehen, wie unsicher sie sich fühlt. Einmal hat sie angefangen zu weinen und ist in die Umkleidekabine gelaufen. Dort hat sie sich so lange versteckt, bis ich gekommen bin, um sie abzuholen."

Aufforderungen vonseiten der Eltern, doch etwas mutiger zu werden, fruchteten nichts. Auch den beiden Brüdern ist es nicht gelungen, Jana aus ihrer inneren Verspanntheit herauszuholen.

Doch mit jedem Monat, den Jana älter wird, mehren sich bei den Eltern die Sorgen. „Sie soll doch bald auf eine weiterführende Schule gehen. Aber so ängstlich, wie sie im Moment ist, hält sie das doch gar nicht durch. Die Unsicherheit ist ihr größtes Problem." – Ein Problem, das Jana mit vielen Kindern teilt.

Bereits mit dem Besuch des Kindergartens, spätestens aber mit dem Eintritt in die Schule müssen Kinder Schritt für Schritt ohne die ständige Unterstützung ihrer Eltern ihr Leben meistern. Dabei sind sie vielfältigen Anforderungen und Belastungen ausgesetzt: die Trennung von zu Hause, Konflikte mit Freunden und Lehrern, aber auch die Konfrontation mit Gewalt, Suchtstoffen und anderen Gefahren gilt es zu bewältigen.

Kinder flüchten sich gern immer wieder zurück in die schützende und als sicher empfundene Welt des Elternhauses.

Die weitaus größte Zahl der Betroffenen fällt mit diesem Verhalten aber im Alltag nicht zwangsläufig unangenehm auf. Sie machen ja meist den Eindruck, „pflegeleicht" zu sein. Im Unterschied zu sehr lebhaften oder aggressiven Kindern bereiten sie ihren Eltern auf den ersten Blick nur wenig Kopfzerbrechen. Wer seine Gefühle zurückhält, lässt sich nicht emotional gehen, und wer keine Bedürfnisse äußert, hat auch keine großen Wünsche, die von den Eltern befriedigt werden müssen.

Was in bestimmten Altersgruppen unauffällig ist, gilt jedoch irgendwann als ungewöhnlich. Sozial unsichere Kinder merken dann selbst, dass sie sich nicht passend verhalten. Das macht sie natürlich noch unsicherer. Ein verhängnisvoller Kreislauf beginnt,

Unsichere Kinder geraten leicht in einen Teufelskreis.

der dazu führen kann, dass sich diese Kinder immer mehr zurückziehen und schließlich zu Einzelgängern und Sonderlingen werden.

Die Bandbreite der Symptome ist dabei groß. Manche zeigen nur im Zusammensein mit anderen Kindern eine übermäßige Schüchternheit. Sie wirken ängstlich, unsicher und vermeiden Kontakte, indem sie Kinder meiden.

Andere wiederum wünschen sich Kontakt zu Gleichaltrigen, möchten sich aber dafür nicht vom gewohnten häuslichen Umfeld trennen. Sie bleiben „Mamakinder", weil sie sich nicht zutrauen, allein mit anderen Kindern zusammen zu sein.

Sozial unsichere Kinder antworten nicht auf Fragen und wenn, dann nur einsilbig. Sie sprechen leise und undeutlich; andere reden viel, hören jedoch nicht zu. Ein Austausch ist so nicht möglich.

Viele dieser Kinder vermeiden Blickkontakt und bei manchen ist auf dem Gesicht keine Gefühlsregung erkennbar. Sie zeigen weder Freude noch Unwillen. Sie sind verlegen und schämen sich und vermeiden es, mit ihrer Mimik oder Gestik irgendwelche Gefühle zu zeigen, aus Angst, dafür angreifbar zu sein.

Woher kommt die Unsicherheit?

Die Grundlagen werden schon im Säuglingsalter gelegt. Ein Neugeborenes, das schreit und seine Bedürfnisse nach Nahrung gestillt bekommt, schläft wieder ruhig und zufrieden ein. Ein Kleinkind, das einen tollen Bauklotzturm gebaut hat, die Mutter ruft und dafür gelobt wird, baut entspannt weiter.

Ein Kind jedoch, dem Aufmerksamkeit und Zuwendung fehlen, hat im Prinzip zwei Möglichkeiten zu reagieren: Entweder es verstärkt sein Verhalten, schreit weiter beziehungsweise ruft, wird laut und irgendwann aggressiv. Oder es zieht

Wenn Aufmerksamkeit und Zuwendung fehlen, ziehen sich manche Kinder zurück.

sich im Gegenteil zurück, wird still, vorsichtig, ängstlich. Diese Erfahrungen ziehen sich durch die weitere Kindheit und Jugend.

Wenn ein Grundschulkind nach dem Unterricht aus der Schule rennt und begeistert mit der guten Zensur winkt, möchte es, dass die Eltern sich die gute Arbeit ansehen und es dafür loben. Dabei macht es zwei wichtige emotionale Erfahrungen.

1. Zielgerichtetes Handeln (im Unterricht aufpassen und zu Hause üben) ist positiv. Man wird ja dafür gelobt, und Lob ist eine der besten Triebfedern menschlichen Handelns.

2. Weil die Eltern sich die Arbeit durchlesen, wird dem Kind Wertigkeit vermittelt. Dadurch entsteht ein Selbst-Wert-Gefühl, also Selbstbewusstsein.

Natürlich haben Eltern nicht immer Zeit, sich ihrem Kind so vorbildlich zuzuwenden. Dann sollten sie es sich aber zur Regel machen, das zu erklären: „Ich kann jetzt gerade leider nicht deine tolle Arbeit ansehen. Ich komme aber heute Abend zu dir und möchte sie natürlich unbedingt ansehen!"

Doch Vorsicht: Halten Sie Ihr Versprechen auch ein. Denn immer nur auf später zu vertrösten ist irgendwann genauso negativ, wie gar nicht zu reagieren. Das Kind bekommt keine Aufmerksamkeit. Manche Kinder reagieren dann, wie bei den oben geschilderten Kleinkindern, unbequem, werden auffällig, selbst wenn sie dann mit Strafe rechnen müssen. Aber zumindest bekommen sie die ersehnte Beachtung. Andere geben schlichtweg auf. Sie ziehen sich zurück.

Negative Erfahrungen im Kindergarten und der Schule verstärken diese Reaktion. Ein Kind, das im Kindergarten von allen ausgelacht wird, weil es Strümpfe in einer ungewöhnlichen Farbe anhat, wird sich künftig genau überlegen, ob es die Strümpfe noch einmal anzieht. Ein Kind, das etwas Falsches sagt und von der Lehrerin barsch „abgebügelt" wird, wird sich aus

Wer nicht auffällt, hat auch nichts zu befürchten.

Selbstschutz lieber nicht mehr melden. Wenn Kinder nicht einschätzen können, wie die Familie, die Freunde, das Umfeld auf ihr Verhalten reagieren, „ducken" sie sich weg. Denn wenn sie unauffällig sind, reagiert niemand. Dann müssen sie auch nichts befürchten.

So kann man Jana helfen!

Um ein Kind aus der Unsicherheit zu holen, ist in erster Linie die Familie gefordert. Auch wenn es in unserem stressigen Alltag manchmal schwerfällt: Kinder brauchen täglich ein gewisses Maß an Zeit und ungeteilte Aufmerksamkeit der Eltern, um sich stark und selbstsicher zu fühlen.

Dabei ist die Qualität der gemeinsam verbrachten Zeit wichtiger als die Quantität. Zuhören, aufmerksam sein, miteinander kuscheln, spielen, lesen oder plaudern verbindet, stärkt und fördert das Selbstvertrauen eines Kindes.

Annette hat sich nach dem Besuch in der Schule viele Gedanken über ihre Jana gemacht. Vielleicht haben die beiden Jungen mehr im Fokus der Aufmerksamkeit gestanden? Vielleicht hat sich Jana deshalb nie ausreichend beachtet gefühlt?

Aber Annette weiß auch, dass gerade im Kleinkindalter das Verhalten der Eltern maßgeblich prägend ist. Annette ist auch eher zurückhaltend. Vermutlich hat sie Jana zu selten Mut gemacht, ihre Meinung zu sagen. Sie hat verpasst, Jana Stärke und Selbstsicherheit zu vermitteln.

Annette hat Jana wenige Tage nach dem Gespräch mit der Lehrerin zum Eisessen eingeladen. Sie wollte Zeit haben, um mit ihrer Tochter in Ruhe zu reden. Jana war stolz, dass sie allein mit ihrer Mutter etwas Tolles unternehmen konnte. Denn normalerweise unternimmt die Familie immer nur „komplett" etwas.

Und Jana hat sich zum ersten Mal seit Langem geöffnet. Ungewohnt unbekümmert hat sie in der entspannten

Atmosphäre der Eisdiele erzählt, was sie sich am meisten wünscht. Sie möchte gern reiten lernen, hat aber Angst, auf einem Reiterhof ihre Mitschülerinnen zu treffen.

Annette hat diese Angst nicht kritisiert, sondern ernst genommen. „Dann fahren wir dorthin, wo die anderen Mädchen nicht sind!", hat sie Jana versprochen.

Und auch den zweiten Wunsch, sich um ein Tier kümmern zu dürfen, will sie ihr erfüllen. Annette weiß, dass eine ältere Dame aus der Nachbarschaft nach einem Unfall Probleme mit dem Laufen hat. Jana könnte den kleinen Mischling Tommy gut ausführen.

Pläne, die schnell in die Tat umgesetzt werden. Und Annette geht richtig vor. Jana muss mitgehen, als sie sich bei Frau Krause vorstellt und Termine zum Gassigehen abstimmt.

Das rät der Experte

Jedes Kind möchte von seiner Umgebung, in erster Linie natürlich der Familie, wahrgenommen werden. Es muss Beachtung finden, seine Bedürfnisse äußern können und diese müssen – zumindest teilweise – gestillt werden. Das gilt übrigens auch für Erwachsene!

Eines unserer Hauptbedürfnisse, das der emotionalen Zuwendung, ist von entscheidender Bedeutung für die gesamte Entwicklung. Forschungen haben gezeigt, dass der schulische Erfolg maßgeblich vom Umfang der emotionalen Zuwendung durch die

Emotionale Zuwendung ist die Basis des Erfolgs in der Schule.

Eltern abhängig ist. Trost und Anteilnahme, Mitgefühl und Verständnis, Unterstützung und Hilfe sind die Basis dieses Erfolges.

Dabei muss klargestellt werden, dass es auf das richtige Maß ankommt. Eine Erziehung ohne Grenzen vermittelt kein Selbstbewusstsein. Denn das Kind eckt in einer anderen Umgebung an. Es kann sich nicht einfinden, reagiert rebellisch, wird zum Einzelgänger. Eine zu strenge Erziehung raubt ihm andererseits die Spontaneität, die Freiheit, etwas auszuprobieren und sich selbst kennenzulernen.

Kinder brauchen Vorgaben, aber nur wenn sie richtig gesetzt werden, engen sie nicht ein, sondern geben Halt. Und Halt, innerer Halt, verleiht Selbstbewusstsein.

„Kein Mensch ist eine Insel", sagt der englische Dichter John Donne, „jeder Mensch ist ein Stück des Kontinents", also verbunden mit den anderen Menschen. Wenn das Kind Selbstbewusstsein auf dem Lebensweg vermittelt bekommt, wird es inmitten der anderen bestehen können und sich nie wünschen, eine Insel zu sein!

Unsichere Kinder brauchen von ihren Eltern einen großen Vertrauensvorschuss und viel Geduld. Gerade schüchterne Kinder brauchen Eltern und Lehrer, die an sie glauben und ihnen vertrauen. Man muss sie ermutigen, sich etwas zuzutrauen, und sie unterstützen, wenn sie sich aus ihrem Schneckenhaus wagen. Doch Achtung: Schüchternheit lässt sich nicht in kurzer Zeit bezwingen. Man braucht Zeit.

Unsichere Kinder brauchen Eltern, die an sie glauben.

Der Satz „Du schaffst das" wirkt als Erstes ermutigend, muss aber konkretisiert werden. Wenn Ihr Kind Herausforderungen schon allein meistern kann, Sie ihm nicht alles abnehmen und auch kleine Erfolge loben, zeigt das auf Dauer noch mehr Wirkung. Ein Beispiel: „Du bist jetzt 8 Jahre und darfst bei deiner besten Freundin übernachten" ist eine Aufforderung, die das Kind ermutigt, es auszuprobieren.

Übertragen Sie Ihrem Kind Aufgaben, auch im Haushalt: „Du bist heute Nachmittag allein für unseren Hund verantwortlich" oder „Du kannst achtgeben, dass die Blumen immer genug Wasser haben!"

Beobachten Sie die Klassenkameraden, die Nachbarskinder. Was dürfen, was können die? Was soll Ihr Kind Ihrer Meinung nach auch können? Fahren andere mit dem Fahrrad zu Schule oder gehen allein ins Schwimmbad, kaufen andere Kinder vielleicht schon für die Familie ein? Fragen Sie Ihr Kind, ob es sich das auch zutraut, und bekräftigen Sie es darin. Beispiel: „Hast du den Mut, allein in das Geschäft zu gehen und für uns das Brot zu kaufen? Ich glaube, du bist groß genug, das zu schaffen. Ich würde dir gern die Chance geben, es zu zeigen." Ganz wichtig dabei ist, dass Sie nicht den Fehler machen, Ihr Kind mit anderen Kindern zu vergleichen. Eine Bemerkung wie: „Ina geht seit Wochen jeden Morgen Brötchen kaufen!" macht Ihr Kind klein und setzt es einem unnötigen Konkurrenzdruck aus. Glauben Sie an Ihr Kind.

Vergleichen Sie Ihr Kind nicht mit anderen Kindern.

Stellen Sie regelmäßig die starken Seiten Ihres Kindes heraus und verstärken sie positives Verhalten. Etwa so: „Das hast du ganz klasse gemacht" oder „Ich bin richtig stolz auf dich, wie du dich so nett mit der Nachbarin unterhalten hast!"

Der Reiterhof, den Annette für ihre Tochter herausgesucht hat, liegt in einem anderen Stadtteil. Annette nimmt es in Kauf, dass sie etwas länger fahren muss, wenn Jana dort reiten lernen soll. Aber das Mädchen muss sich selbst dort anmelden und sich bei den anderen Reitschülerinnen vorstellen.

Zudem versucht Annette auch zu Hause alles umzusetzen, was man ihr in einer Erziehungsberatungsstelle geraten hat: „Wir sollen viel intensiver auf unsere Kinder eingehen. Das schaffen wir, indem wir uns den Tag besser einteilen. Wir schaffen uns Nischen für die Kinder und das Familienleben. Nischen, die dann geschlossen sind für alles andere."

Wenn Annette mit Jana sprechen möchte, schließt sie die Tür. Genauso macht sie das bei den anderen beiden Kindern. „Früher habe ich alles öffentlich gemacht. Ein Kind hat geredet, ich habe nebenbei meine Steuererklärung gemacht und Martin hat ein Bild aufgehängt. So ein Quatsch. Geklappt hat bei dem Kuddelmuddel natürlich nichts. Wir haben unsere Zeit verschwendet. Seitdem wir unseren Alltag besser sortieren, ist viel mehr Ruhe in unser Leben gekommen und ich glaube auch, dass wir alle zufriedener geworden sind. Bei Jana ist es sichtbar!"

Das Ergebnis hat selbst Annette überrascht. Jana hat sich durch die Verantwortung für Tommy sehr verändert. „Sie geht ganz allein zu Frau Krause und kümmert sich hervorragend um den Hund. Frau Krause lobt das Mädchen überall dafür, beim Einkaufen, auf der Straße, bei anderen Nachbarn. Das macht Jana unglaublich stolz."

Auch beim Reiten hat Jana Erfolg aufzuweisen. Sie kann demnächst das Reiterabzeichen ablegen. Aber mehr noch: Als beim letzten Reiterhoffest freiwillige Helfer gesucht wurden, hat Jana sich gemeldet. „Das hat mich total überrascht", sagt Annette, „denn die Helfer mussten auch die Gäste herumführen. Als ich meine Jana mit einer Familie im Schlepptau über den Hof gehen sah, war ich wirklich sprachlos."

In der Schule scheinen sich die Probleme von selber zu lösen. Jana beginnt, sich im Unterricht zu melden. Ihre Klassenlehrerin kann durch den Austausch, den es mit den Eltern gegeben hat, behutsam auf Jana einwirken. Waren es anfangs Gesten, mit denen sie Jana Mut machte, brachte sie sie später dazu, auf gezielte Fragen mit sogenannten Ein-Wort-Antworten zu reagieren. Mittlerweile kann sie kurze Texte vorlesen und nimmt überwiegend aktiv am Unterricht teil.

Und am Freitag kommt eine Freundin zu Besuch. Sie wollen zusammen spielen. Annette will sich bewusst zurückhalten, damit Jana ungestört mit der Freundin eine möglichst vertrauensvolle Beziehung aufbauen kann. Denn eine feste Bezugsperson kann ihr weitere Sicherheit geben. „Ich glaube, jetzt wird alles gut!", sagt Annette zuversichtlich.

Der Unsicherheitstest: Ist Ihr Kind unsicher?

Beantworten Sie die folgenden Fragen mit Ja oder Nein. Für jedes Ja notieren Sie einen Punkt.

1. Schweigt Ihr Kind in der Öffentlichkeit?
2. Vermeidet es Blickkontakt?
3. Errötet Ihr Kind leicht?
4. Vermeidet es Ihr Kind, in der Öffentlichkeit zu essen und zu tinken?
5. Zittert es häufig?
6. Ist ihm häufig übel und hat es Angst, sich zu erbrechen?
7. Hat Ihr Kind häufig Magen- und Darmbeschwerden?
8. Hat es einen verstärkten Drang, zur Toilette zu gehen?
9. Hat Ihr Kind oft Herzklopfen?
10. Leidet es unter Muskelverspannungen?

Ergebnis: _____ Punkte

Testauswertung

0–5 Punkte: Es besteht kein Anlass zur Besorgnis.

5–10 Punkte: Ihr Kind ist unsicher und benötigt Unterstützung, damit es selbstsicherer auftreten kann. Schaffen Sie gezielt Situationen, in denen Ihr Kind Erfolge hat und sich stark fühlt.

Was Eltern tun können

1. **Lieben Sie Ihr Kind, wie es ist!** Machen Sie Ihre Liebe nie von Ihren Erwartungen, von guten Noten und liebenswertem Verhalten abhängig. Wenn Ihrem Kind

etwas gelingt, es Ihnen Freude macht – umso besser. Wenn nicht – versichern Sie ihm noch mehr Ihre Unterstützung! Denn jetzt hat es sie besonders nötig. Pädagogen raten deshalb dazu, schlechte Noten zu belohnen. Ein Kind, das eine Fünf nach Hause bringt, hat besonders ein Eis verdient, denn es ist traurig und kann eine Aufmunterung gebrauchen.

2. **Trauen Sie Ihrem Kind etwas zu!** Im Leben gibt es ständig neue Situationen, die Ihr Kind meistern muss. Um sich zu entwickeln, um erfolgreich und irgendwann erwachsen zu werden, brauchen Kinder Anforderungen und Erfolgserlebnisse. Sie müssen lernen, dass sich Anstrengung lohnt, Mut bezahlt macht und abgeschätzte Risiken in Ordnung sind.

   Wichtig! Aussagen wie „Du schaffst das!" oder „Ich weiß, dass du das kannst!" geben Zuversicht und machen ein Kind stark genug, seine Grenzen auszutesten.

3. **Nehmen Sie Ihrem Kind nicht immer alles ab!** Geben Sie ihm altersgemäße Aufgaben. Eine Viertklässlerin wie Jana kann sich mit einer Freundin telefonisch verabreden oder sich allein ein Eis bestellen und es auch bezahlen. Je öfter Ihr Kind die Erfahrung macht, dass es ein Problem ohne fremde Hilfe bewältigt hat, desto mutiger wird es in Zukunft sein.

   Wichtig! Eltern sollten ihr Kind aber auch nicht überfordern und es Dinge erledigen lassen, für die es definitiv zu klein ist. Überforderung verstärkt die Unsicherheit und Ängstlichkeit. Wenn man ins kalte Wasser geworfen wird, ohne schwimmen zu können, hinterlässt das nur Ängste. Man meidet künftig das Wasser und wird noch ängstlicher.

4. **Zeigen Sie, wie man sich wehrt!** Wägen Sie ab, wann Kritik angemessen ist, und erklären Sie Ihrem Kind, warum Sie sich beschweren. Hat sich die Lampe an dem neuen Fahrrad gelöst? Möchte man das Spielzeug umtauschen? Nehmen Sie Ihr Kind zum Umtausch mit. So lernt es, dass man nicht alles akzeptieren muss und sich wehren kann.

   Wichtig! Bleiben Sie ruhig und freundlich. In solchen für das Kind aufregenden Momenten werden Sie noch mehr zum Vorbild als sonst.

5. **Zeigen Sie Gefühl!** Streit, Wut und Ärger, aber auch Trauer und Glück kommen in jeder Familie vor und sind normal. Wenn Sie innerlich vor Wut kochen, sollten Sie sich nicht verstellen und Ihre Kinder gespielt freundlich anlächeln. Das wirkt unecht und gekünstelt. Kinder merken das und sind dann verunsichert. Bleiben Sie authentisch, zeigen Sie, wenn Sie etwas stört, lassen Sie aber auch Raum, eine Unstimmigkeit zu bereinigen. Am besten schlagen Sie auch gleich die Lösung vor: „Ich bin total sauer, weil du die Hausaufgaben vergessen hast. Lass uns überlegen, wie wir erreichen können, dass das nicht wieder passiert!"

   Wichtig! Wahren Sie immer einen respektvollen Ton.

6. **Ermutigen und loben Sie Ihr Kind!** Gerade wenn Ihr Kind unsicher und ängstlich ist, braucht es Ihr Lob.

Sie sollten immer in Positivsätzen sprechen. Sind die Matheaufgaben falsch, sagen Sie nicht: „Das stimmt alles nicht!", sondern stattdessen: „Du hast dir ganz toll Mühe gegeben, aber rechne das am besten noch einmal nach!"

Wichtig! Positivsätze kann man einüben. Es ist nur eine Frage des Blickwinkels. Nach ein paar Tagen gehen sie Ihnen automatisch von den Lippen. Die Aussage ist nicht anders, aber sie kommt ganz anders bei dem Kind an.

7. **Hören Sie geduldig zu!** Ihr Kind muss Ihnen alles sagen dürfen, was es bedrückt. Das wird es jedoch nur tun, wenn es sicher ist, dass Sie a) zuhören, b) Verständnis zeigen. Wenn sich ein Kind offenbart, weil es zum Beispiel nachsitzen muss oder eine schlechte Note geschrieben hat, ist es nicht sinnvoll, loszupoltern. Dann wird es künftig seine Sorgen für sich behalten, und das sollten Sie auf jeden Fall vermeiden. Besser ist es, erst einmal in Ruhe zuzuhören und dann gemeinsam eine Lösung anzustreben.

Wichtig! Unterstellen Sie Ihrem Kind nie etwas, sondern fragen Sie konkret nach. Beispiel: „Das hast du doch schon lange gewusst, dass du nachsitzen musst!" ist falsch. Besser ist die Frage: „Wie lange weißt du denn schon von der Sechs in Englisch? Und weshalb hast du dich nicht getraut, mir davon zu erzählen?"

8. **Geben Sie Ihrem Kind Sicherheit!** Abgestimmte Regeln erleichtern das Zusammenleben und bringen Zufriedenheit. Ihr Kind weiß dann genau, was es darf

und was nicht. Das hilft. Legen Sie also feste Zeiten fest, in denen Hausaufgaben erledigt werden müssen. Sprechen Sie ab, wie lange das Kind am PC spielen darf, wie lange der Fernseher an ist und wann genau Pflichten zu erledigen sind. Regeln Sie auch den Umgangston und die Art und Weise, wie Sie miteinander umgehen. So ein Gerüst hilft Ihrem Kind, sich zurechtzufinden. Es weiß dann genau, wann etwas falsch gelaufen ist und warum Sie verärgert sind.

Wichtig! Seien Sie nicht kleinlich. Es geht nicht darum, darauf zu pochen, dass Zeiten auf die Minute eingehalten werden. Achten Sie stattdessen gelassen auf die Einhaltung der Absprachen. In einer Familie braucht man keine Stechuhr.

9. **Kritisieren Sie falsches Verhalten, aber nie Ihr Kind!** Es ist nicht gut, wenn man Dinge, über die man sich ärgert, negativ anspricht: „Du bist immer frech und anstrengend!" Besser ist diese Formulierung: „Du verhältst dich heute ungezogen und so kenne ich dich gar nicht. Lass es jetzt einfach sein!"

   Wichtig! Sprechen Sie nur in einem Ton, den Sie selbst akzeptieren würden. Kinder sind verletzlich. Und gerade unsichere Kinder ziehen sich dann noch mehr in ihr Schneckenhaus zurück.

10. **Achten Sie auf Mobbing oder Ausgrenzung.** Achten Sie darauf, ob Ihr Kind in der Schule oder in der Clique gemobbt, gemieden oder sogar ausgegrenzt wird. Mobbing kann das Selbstwertgefühl schwer schädigen.

Finden Sie heraus, warum Ihr Kind gemobbt wird. Wenn es an der Kleidung oder anderen Äußerlichkeiten liegt, ermutigen Sie Ihr Kind, so auszusehen, wie es möchte. Holen Sie das Kind notfalls aus der Gruppe, indem Sie andere Aktivitäten wie Sport oder Musik anbieten. Sind Mitschüler aktive Mobber, informieren Sie die Schule.

Wichtig! Ziehen Sie im Hintergrund die Fäden. Denn wenn man Mobber offen anspricht, verschlimmert das häufig noch das Leid desjenigen Kindes, das gemobbt wird. Denn erfahrungsgemäß werden die Attacken danach noch brutaler.

||| Extratipps

Schaffen Sie Freiräume. Kinder brauchen Freiräume, damit sich ihre Persönlichkeit in Ruhe entwickeln kann. Sportkurse, Musikunterricht, Nachhilfe gehören zum Lebensalltag. Aber zwei Tage pro Woche sollte man freihalten, um den Kindern die Gelegenheit zum freien Spiel zu geben. Übrigens: Auch Langeweile ist ab und zu notwendig, damit sich Interessen herauskristallisieren können.

Lassen Sie Ihr Kind Probleme selber lösen. Besonders behütete Kinder haben es schwer, sich gegen andere durchzusetzen. Sie haben zu selten erlebt, dass ihre eigenen Fähigkeiten und Stärken sie weiterbringen. Kindern tut es gut, ganz ohne Kontrolle der Eltern herausfordernde Situationen selbst zu bewältigen. Das sind wichtige Meilensteine in der Entwicklung, die die Kinder stark machen.

Fehlende Leistungsbereitschaft

„Müde macht uns Arbeit, die wir liegenlassen,
nicht die, die wir tun."   Marie von Ebner-Eschenbach

Ein Leben wie im Schlaraffenland, das wünschen sich die Menschen. Für alles ist gesorgt, man muss sich nicht mehr anstrengen. Jeder Wunsch geht in Erfüllung. Aus den gleichen Gründen hoffen Woche für Woche Millionen Menschen auf den Lottogewinn.

Aber die Wirklichkeit sieht anders aus. Schon von klein auf müssen wir uns bewähren, Leistung bringen, uns durchsetzen. Hinfallen und Schmerzen aushalten, zurückfallen und wieder aufholen, gewinnen und Erfolg genießen – das alles gehört schon bei Kleinkindern zur Lebenswirklichkeit.

Kinder können nur dann eigenständig ihr Leben meistern, wenn sie für die verschiedensten Ereignisse, Wirrnisse, Krisen oder gar Stürme des Lebens stark gemacht werden. Eltern, Kindergärten, Schulen und andere Einrichtungen müssen und können ein Umfeld schaffen, in dem die Kinder lernen, Chancen zu erkennen und aufzugreifen.

Doch in unseren Klassenzimmern nimmt die Zahl der Leistungsverweigerer stetig zu. Schätzungsweise 20 Prozent stellen keine Erwartung an sich selbst, sondern nur an andere. Wenn es nicht klappt, dann haben die Lehrer schuld. Dabei

20 Prozent der Schulkinder haben keine Erwartungen an sich selbst.

haben die Eltern es hier nur versäumt, Lernbereitschaft und

Verantwortung vorzuleben und zu vermitteln, und den Kindern zu wenig Aufmerksamkeit geschenkt. Doch die Schule kann nicht hexen und Genies am laufenden Band zaubern. Die Botschaft ist eindeutig: Nur wer zielgerichtet und kontinuierlich arbeitet, hat Erfolg. Und Erfolg macht stark. Das Sahnehäubchen dabei: Erfolgreiches Lernen macht immer Spaß, man muss es nur mit sinnvollen Zielen verbinden.

„Meine Mutter regelt das schon!"

Fabian (14): Er geht in die 8. Klasse einer Hauptschule.

„Schule ist ätzend!" Diesen Satz hat die 43-jährige Inga schon unzählige Male von ihrem Sohn gehört. „Er geht schon unzufrieden in die Schule und kommt auch unzufrieden heim. Es macht ihm einfach nichts Spaß", sagt sie ernst.

Fabian ist 14 und geht in die 8. Klasse einer Hauptschule. Am Anfang hat Inga Fabians Unmut noch auf die Schule geschoben. „Ich dachte wirklich, dass die Lehrer einfach schlecht seien und einige unseren Sohn überhaupt nicht leiden konnten. Sie schikanierten ihn mit Sonderhausaufgaben oder ließen ihn ganz bewusst links liegen. Zumindest hat uns Fabian das immer so erzählt und wir haben ihm geglaubt."

Aber seitdem sie sein Halbjahreszeugnis gesehen hat, zweifelt sie an dieser Geschichte. Fabians Versetzung ist ernsthaft gefährdet. Aber trotz der ernsten Lage weigert sich der Junge, intensiver zu arbeiten. Er hat „null Bock" – egal, was Inga sagt.

Was ist los mit Fabian?

Fabians negative Schullaufbahn hat eine lange Geschichte. Schon in der Grundschule musste die Mutter ihn morgens oft mit sanfter Gewalt in die Klasse bringen. Er hatte keine Lust auf Schule, wollte lieber zu Hause bleiben. Es gab nur wenige Fächer, die dem in sich gekehrt wirkenden Jungen Spaß machten. Basteln war so eines. Da machte er gern mit, denn er war handwerklich recht geschickt. Das hatte er von seinem Vater, einem Busfahrer.

Doch mit den meisten anderen Fächern kam er nicht gut zurecht. Er zeigte so gut wie kein Interesse. In der Schule wirkte er gelangweilt. Freunde hatte er wenig.

Inga erklärte sich Letzteres damit, dass sie in einem winzig kleinen Dorf wohnten. Den meisten Eltern war es zu weit, nachmittags ihre Kinder herauszufahren. Also spielte Fabian mit sich allein. Er schien damit auch zufrieden zu sein. Die Mutter war ja immer zu Hause. Er konnte ihr im Garten helfen oder am Wochenende mit dem Vater am Haus bauen.

Als Fabian dann zur Hauptschule kam, überschattete ein Schicksalsschlag das Leben der Familie. Fabians Vater hatte einen Autounfall und konnte nicht mehr arbeiten. Nach einigen Wochen im Krankenhaus kam er als Frührentner nach Hause. Für Fabian war das schön. Er mag es, mit den Eltern zusammen zu sein. Mit dem Vater versteht er sich prima.

Das Leben der kleinen Familie verläuft seitdem in ruhigen Bahnen. Fabian ist der Einzige, der morgens aus dem Haus geht. Wenn er mittags mit dem Bus zurückkommt, warten die Eltern schon mit dem Essen auf ihn. Danach legen sich alle drei zum Ausruhen etwas hin.

Der Vater löst Kreuzworträtsel, die Mutter sieht gern eine Telenovela im Fernsehen und Fabian schmökert in Comicheften. Wenn er gegen vier Uhr mit den Schularbeiten beginnen soll, gibt es bereits Gezerre. Fabian will noch nicht anfangen. Die Mutter gibt nach. Fabian zögert es weiter heraus, murmelt immer nur:

Fabian liest lieber Comics, als Hausaufgaben zu machen.

„Jetzt nicht!" oder „Gleich!", während er in den Heftchen liest oder mit dem Hund spielt. Irgendwann hat der Vater genug von der Rederei und es gibt Krach.

„Unerträglich" findet Inga diese täglichen Auseinandersetzungen. „Warum kann sich der Junge nicht einfach mal von allein an den Tisch setzen und seine Arbeit machen. Es kann doch nicht jeden Tag Theater geben!"

Oft ist es schon Abend, wenn sich Fabian dann widerwillig bequemt, seine Schulhefte aufzuschlagen, und mit mürrischem Ich-habe-keinen-Bock-Gesicht das Nötigste hineinkritzelt. „Man sieht schon auf den ersten Blick, dass hier ein Kind nicht will. Die Ränder sind überschrieben, vieles ist durchgestrichen oder übermalt. Einfach nur furchtbar", sagt Inga.

Fabians Vater donnert dann schon einmal richtig los. Doch an der Leistungsbereitschaft seines Sohnes ändert er damit nichts. Im Gegenteil. Fabian verschränkt dann nur trotzig die Arme, lehnt sich zurück und wartet die Standpauke seines Vaters mit betont lässiger Körperhaltung ab.

„Wir wissen nicht mehr, was wir tun sollen", sagt Inga, die jetzt bei Fabians Klassenlehrer in der Schule sitzt. Das Zwischenzeugnis hat sie alarmiert. Sie muss jetzt handeln und ihren Sohn irgendwie wachrütteln.

„Er könnte den Schulstoff locker packen", erklärt Inga dem Lehrer. „Aber er gibt sich nicht die geringste Mühe. Er ist faul, bequem und überhaupt nicht interessiert. Ich weiß nicht mehr weiter. Wenn jetzt nicht bald etwas passiert, steht er irgendwann ohne Schulabschluss da. Und was soll er dann machen? Auf dem Arbeitsmarkt heute hat er doch ohne Abschluss keine Chance mehr. Es macht mich ganz traurig, wenn ich mir vorstelle, dass er sich jetzt schon sein Leben verdirbt. Man müsste Fabian irgendwie wachrütteln oder, wie mein Mann immer sagt, kräftig in den Allerwertesten treten!"

So wie Fabian geht ein beträchtlicher Anteil der Kinder zur Schule. Sie beklagen sich pausenlos, schweifen im Unterricht immer wieder vom Thema ab und lümmeln sich auf ihren Stühlen. Eine angemessene Mitarbeit verweigern sie. Arbeitsblätter und Bücher lassen sie bewusst zu Hause liegen, weil sie keine Lust haben, damit zu arbeiten.

Das Phänomen Leistungsverweigerung geht quer durch alle Schulformen. Verstärkt ist es an Hauptschulen zu beobachten. Vorausgesetzt, man würde alle Schüler, die unter ihren Möglichkeiten bleiben,

Leistungsverweigerer gibt es quer durch alle Schulformen.

als Leistungsverweigerer bezeichnen, träfe dieses auf weit mehr als die Hälfte der Schülerinnen und Schüler zu.

Warum hat Fabian „keinen Bock"?

Circa 8 bis 10 Prozent der Schüler sind nicht ausreichend aus sich selbst heraus motiviert (in der Pädagogik wird diese innere Motivation intrinsische Motivation genannt). Die Beziehung zum Lernstoff fehlt und damit auch der Wunsch, sich mit dem Lerninhalt auseinanderzusetzen. Meist betrifft dies Kinder und Jugendliche, die noch nicht die Erfahrung machen konnten, dass sich Anstrengungen auszahlen. Zu oft schon haben sie nach vielen Stunden des Lernens Misserfolge hinnehmen müssen. Nicht verschwiegen werden darf, dass es auch Lehrer gibt, die für das Misslingen Verantwortung tragen.

Die fehlende Motivation ist oft nachvollziehbar. Wenn ein Kind stundenlang Bruchrechnen in Mathematik übt oder in Deutsch Kommaregeln paukt und dann eine Fünf unter der Klassenarbeit steht, sinkt die Motivation auf den Nullpunkt. Sätze wie „Das bringt doch sowieso nichts" oder „Ich schaffe das nicht!" stehen dann auf der Tagesordnung.

Nach vielen Misserfolgen bleibt die Motivation auf der Strecke.

Schreibt das Kind danach eine gute Note in Deutsch, das heißt, wechseln sich Erfolgs- und Misserfolgserlebnisse ab, vergeht das Gefühl, es nicht zu schaffen, wieder. Kinder können also lernen, Frustrationen auszuhalten, vorausgesetzt, sie erleben sie nicht dauerhaft.

Wenn es aber keine Erfolge gibt, stellt sich eine Vermeidungshaltung ein. Die Kinder sehen keine Verbindung mehr zwischen ihrer Verhaltensweise und den Ergebnissen. Egal was sie tun, am Ende kommt doch nichts Erfreuliches dabei heraus.

Diese Einstellung lässt sich auch bei Erwachsenen, zum Beispiel Langzeitarbeitslosen, beobachten, die nach vielen Bewerbungen einfach aufgeben, sich ihrem angeblichen Schicksal fügen und vom trostlosen Leben demotiviert sind. Wie sollen solche Eltern ihren Kindern Leistungsstärke vermitteln?

Erleben Schüler immer wieder, dass ihr Arbeits- und Lerneinsatz nichts bringt, stellen sie ihre Bemühungen ein, sitzen die Unterrichtsstunden nur noch teilnahmslos ab.

Bei Fabian ist diese Entwicklung schon sehr weit fortgeschritten. Er hatte schon in der Grundschule eine Häufung von Misserfolgen. Inga erinnert sich noch gut daran, dass er gerade in Deutsch eine Fünf nach der anderen einkassierte, obwohl sie ihn zu Hause stundenlang Diktate schreiben ließ.

Doch egal wie sehr sie ihn vorbereitete, es wimmelte von Rechtschreibfehlern. Die Lehrerin sprach von einer Lese-Rechtschreib-Schwäche. Der Arzt konnte den Verdacht nicht bestätigen. Niemand kümmerte sich weiter darum. Es blieb bei den Fünfen, auch später auf der Hauptschule.

So kann man Fabian helfen!

Erzieher und Lehrer wissen: Nichts beflügelt mehr als Erfolg! Das gilt insbesondere für Kinder und Jugendliche, die noch nicht so oft erfolgreich gewesen sind. Fabian ist auf keinem Gebiet wirklich gut. Da er etwas stämmig ist, kann er auch im Sport keine guten Leistungen aufweisen. In seiner Freizeit lebt er zurückgezogen. Er kann deshalb auch außerhalb der Schule keine wirklichen Highlights vorzeigen und hat somit auch nichts zu erzählen.

Dazu kommt seine familiäre Situation. Der Vater ist von der Krankheit gezeichnet. Die Mutter wirkt müde. Das ganze Umfeld vermittelt keine Aktivität, keine Zuversicht. Man hält sich über Wasser, und genauso macht es der Sohn.

Inwieweit die Vorbildfunktion der Eltern eine Rolle spielt, hängt sicherlich vom Alter und der Stabilität des Kindes ab. Dass schwierige Familienphasen wie Todesfälle, Scheidung oder Krankheiten belastend für das Kind sind, ist keine Frage. Zumal Kinder und Jugendliche zu einem hohen Teil durch Imitieren lernen. Sie ahmen also auch Verhaltensweisen wie Faulheit, Apathie, Vandalismus oder Lügen nach, genau wie Fleiß, Zuverlässigkeit, Treue und Hilfsbereitschaft.

Fabians Lernverweigerung ist deshalb auch ein Zeichen einer Abgestumpftheit, die er in seinem Elternhaus wahrnimmt. Er erlebt nichts, schafft nichts, fühlt sich wie ein Nichts, dem sowieso niemand Beachtung schenkt. Außer den Eltern. Und nur die können, in Zusammenarbeit mit der Schule, letztlich das Ruder herumreißen.

Um das Ruder herumzureißen, müssen die Eltern aktiv werden.

Der Lehrer ist über das Engagement der Mutter erfreut. „Ich wünschte, ich hätte mehr Eltern, die bei ihren Kindern nicht aufgeben!", sagt er direkt.

Und er verspricht, den Jungen im Unterricht gezielter zu motivieren. „Ohne etwas können zu wollen, wird es aber nichts mit dem Lernen", erklärt er. „Man scheitert an den Unannehmlichkeiten, die das Lernen mit sich bringt. Warum sollte man sich überwinden? Die Kinder wissen doch häufig gar nicht, warum sie wollen sollen. Gerade Leitungsverweigerer muss man erst einmal mit Themen locken, die sie interessieren."

Beispiele gibt es einige. Ein guter Ansatzpunkt kann etwa sein, wenn sich die Jugendlichen verlieben. Selbst Kinder, die nicht gern schreiben, sind plötzlich dankbar für Tipps, wie sie einen Liebesbrief verfassen können.

Oder: Mädchen, die an Biologie sonst keinerlei Interesse zeigen, möchten wissen, wie sie ihre Haut pflegen können, und hören aufmerksam zu, wenn es um den Aufbau der Epidermis geht. Jungen, die nicht gern rechnen, können sich plötzlich konzentriert mit Zahlen beschäftigen, wenn sie eine Computersimulation erstellen sollen, mit der man sechs Richtige im Lotto gewinnen kann.

Später muss man ihnen Ziele geben, die dem Lernen einen Sinn verleihen. Und die Überzeugung gleich mitliefern, dass sie dieses Ziel auch erreichen können. „Es geht um deine Zukunft" ist dabei aber ein ganz schlechter Satz. Denn Fernziele interessieren die Kinder in diesem Moment überhaupt

Fernziele interessieren nicht, stattdessen zählt der schnelle Erfolg.

nicht. Es geht um Anstrengungen, die sich lohnen und die möglichst schnell einen Erfolg zeigen und sinnvoll sind.

Ein guter Lehrer setzt also hier an. Er unterteilt das Gesamtziel (zum Beispiel Schulabschluss) in verschiedene erreichbare Etappenziele: „Fabian, ich möchte, dass du mir hilfst, den Versuch in Physik aufzubauen."

Ein guter Lehrer führt dem Kind die Teilerfolge direkt vor Augen, damit es Zeit hat, sich darüber zu freuen. So weckt er die Neugier auf Neues und aufs Weitermachen.

Das rät der Experte

Fabian muss lernen, dass sich Leistung wieder lohnt. Aber man sollte bei ihm die Messlatte gerade so hoch hängen, dass Anfangserfolge möglich sind und er dennoch seine Leistung als Leistung anerkennen kann.

||| Innere und äußere Motivation

In der Pädagogik unterscheidet man zwei Arten von Motivation. Die intrinsische (innere) Motivation kommt aus dem Menschen selbst, aus eigenem Antrieb; Neugier und Interesse an einer Sache sind in ihm bereits vorhanden. Bei der extrinsischen (äußeren) Motivation wird die Motivation, der Antrieb dagegen von außen erzeugt, beispielsweise durch Lob und Belohnung. Eine nicht ausreichende intrinsische Motivation kann durch eine extrinsische ausgeglichen werden.

Wenn Kindern die innere Motivation fehlt, müssen die Lehrer auf Motivation von außen (extrinsische Motivation) setzen. Das heißt, auch wenn einem Schüler der Lernstoff nichts bedeutet, kann er an der Vorstellung Gefallen finden, dass er nach erbrachter Leistung belohnt wird. Die Aussicht auf lobende Worte, eine realistische Chance auf eine gute Note oder eine Belohnung in Form eines Ausfluges oder eines Kinobesuches können helfen, das Kind zum Lernen zu bewegen.

Dabei ist wichtig: Gerade lernunwilligen Kindern müssen das Kosten-Nutzen-Verhältnis abschätzen können, damit sie sich motiviert fühlen. Was ihnen unerreichbar erscheint, lassen sie sowieso sein. Aber mit relativ geringem Aufwand etwas Begehrtes zu erreichen, das ist verlockend.

Der Lehrer rät Inga, bei Fabian einen Punkteplan anzuwenden. Dabei erhält der Junge für einzelne Arbeitsschritte einen Aufkleber, den er später gegen einen Preis eintauschen kann.

Wichtig ist, dass Fabian vorher weiß, wie viele Punkte welcher Belohnung entsprechen. Und er muss wissen, wie die Belohnung aussieht.

Jedes Kind, jeder Jugendliche kennt Ziele, die es beziehungsweise er erreichen möchte. Inga weiß genau, dass Fabian sich seit Monaten nichts mehr wünscht als einen zweiten kleinen Hund für sich. Gemeinsam mit dem

Jedes Kind kennt Ziele, die es erreichen möchte.

Lehrer entwickelt sie nun einen Plan, wie viele Punkte Fabian für bestimmte Leistungen bekommt. Am Ende steht das Geschenk, der Hund.

Inga besorgt ein Foto von einem kleinen Terrier. Das hängt sie in der Küche auf. Daneben hängt eine Kontoübersicht von

100 Punkten. Hat Fabian die erreicht, fahren die Eltern mit ihrem Sohn zu dem Züchter. Das haben sie versprochen.

Das Punktesystem ist einfach: Für Schulaufgaben, die ohne Zögern begonnen werden, gibt es einen Punkt. Werden sie zudem noch sorgfältig erledigt, winkt ein weiterer. Gute Noten werden auch mit einem Punkt belohnt. „Wenn alles klappt, hat er den Hund in gut drei Monaten", sagt Inga.

Ein Zeitraum, der ausreicht, um Fabians Arbeitsverhalten so zu verändern, dass er dann auch ohne materielle Belohnung weiterarbeiten könnte. Wenn nicht, muss das Ganze noch einmal durchgezogen werden, aber dieses Mal mit einer anderen Zielvorgabe.

Dazu rät der Lehrer, Fabian mit der Tierhaltung in die Pflicht zu nehmen. Er muss mit dem Hund zur Welpenschule, später zur Hundeschule und regelmäßig für Futter und Auslauf sorgen. Wünschenswert wäre es auch, dass er ein Berufsbild findet, auf das er sich freut und auf das er in die Schule hinarbeiten muss.

Als Inga zwei Wochen später wieder dem Lehrer gegenübersitzt, hat sie nur gute Nachrichten dabei. Fabian möchte gern Tierpfleger werden. Im nahe gelegenen Zoo kann er im Sommer ein Betriebspraktikum absolvieren. Der Vater wird ihn jeden Morgen dorthin fahren.

Fabian hat jetzt sogar einen Berufswunsch: Tierpfleger.

„Das tut meinem Mann auch gut", ist Inga überzeugt. „Nach unserem Gespräch habe ich ihm erzählt, dass wir unserem Kind mehr Aktivität vorleben müssen. Das hat ihn richtig aufgerüttelt."

Fabians Vater war früher bei der Freiwilligen Feuerwehr. Nach seinem Unfall ist er nicht mehr dort gewesen. Doch jetzt hat er mit dem Vereinsvorsitzenden gesprochen und angekündigt, dass er sich wieder engagieren will. Auch Fabian wird mitkommen. Er wird dort andere Jugendliche kennenlernen. Gemeinsam können sie viel Freude an den Übungen haben, zumal er jetzt auch mit seinem Vater zusammen die Einsätze erproben kann.

Zudem hat sich der Vater einen alten Traktor vom Bauern geholt, den Vater und Sohn jetzt gemeinsam restaurieren und später verkaufen wollen. Der Erlös soll geteilt werden. Fabian ist total begeistert. Sowie die Schulaufgaben gemacht sind, stürmt er schon in den Anbau und werkelt an dem Traktor.

Es soll hier nicht verschwiegen werden, dass es mit Fabian anfangs bei den Hausaufgaben noch Probleme gab. Ihm fehlten die Lerntechnik und auch die Konzentration. „Er wollte, hat sich aber zu oft ablenken lassen", erzählt Ina. Sie hat sich noch einmal bei dem Lehrer Tipps geholt, wie sie Fabian zu Hause besser helfen kann.

Fabian ist knapp in das neue Schuljahr gerutscht, was für ihn ein großer Erfolg war. Im Jahr darauf haben sich seine Noten nach und nach verbessert. Er will jetzt das 10. Schuljahr schaffen. Seit zwei Jahren hilft er im Zoo aus. Er arbeitet überwiegend im Rotwildgehege und gilt als zuverlässig, liebevoll und fachlich versiert. Wenn alles klappt, kann er nach dem Schulabschluss eine Ausbildungsstelle im Zoo bekommen.

Der Leistungsverweigerungstest:
Neigt Ihr Kind zu fehlender Leistungsbereitschaft?

Notieren Sie für jede Frage, die Sie mit Ja beantworten, einen Punkt.

1. Demonstriert Ihr Kind Langeweile?
2. Traut sich Ihr Kind nur wenig zu?
3. Zieht es sich in unangenehmen Situationen schnell zurück?
4. Beurteilt Ihr Kind schnell alles negativ?
5. Treibt Ihr Kind keinen Sport?
6. Hält sich Ihr Kind nicht an einen strukturierten Tagesablauf?
7. Ist sein Zimmer extrem unaufgeräumt?
8. Hält Ihr Kind Verabredungen und Absprachen nicht verlässlich ein?
9. Pflegt Ihr Kind keine dauerhaften Freundschaften?
10. Erledigt Ihr Kind die Hausaufgaben nur nach Aufforderung?

Ergebnis: _____ Punkte

Testauswertung

0–5 Punkte: Es besteht kein Grund zur Besorgnis.

5–10 Punkte: Ihr Kind scheut sich, den üblichen Leistungsanforderungen zu genügen. Versuchen Sie die Hintergründe des Verhaltens zu erkennen. Nicht immer ist nur Faulheit und Bequemlichkeit die Ursache, oft steckt eine innere Protesthaltung dahinter.

Was Eltern tun können

- **Machen Sie nie Vorwürfe.** Damit erwecken Sie nur Ängste bei Ihrem Kind. Besser: Machen Sie Mut, Aufgaben zu erledigen, etwa mit Sätzen wie „Du schaffst das!" oder „Wenn du willst, packst du das auch!"

- **Informieren Sie sich.** Lassen Sie sich von allen (!) Lehrern über den Leistungsstand Ihres Kindes informieren und arbeiten Sie eng mit den Lehrkräften zusammen.

- **Suchen Sie interessante Themen.** Forschen Sie gezielt nach Themen, an denen Ihr Kind Freude hat, und ermutigen Sie es, daran zu arbeiten.

- **Machen Sie Dinge gemeinsam.** Pflegen Sie gemeinsame Hobbys und Interessen und bemühen Sie sich darum, Ihrem Kind ein Vorbild in puncto Leistungsbereitschaft zu sein.

- **Suchen Sie einen Freund für Ihr Kind.** Initiieren Sie eine Freundschaft zu einem fleißigen Mitschüler Ihres Kindes. Regen Sie an, dass Ihr Kind die Schularbeiten mit diesem Kind gemeinsam erledigt.

- **Suchen Sie einen Gruppensport für Ihr Kind.** Geeignet sind Sportarten, bei denen sich das Kind in der Gruppe beweisen muss, beispielsweise Fußball, Skateboardfahren, Tennis.

Sieben Strategien, die Kinder stark machen

Sie haben gelesen, wie Paul und Fabian, Jana und Tanja wieder glückliche und unbeschwerte Kinder geworden sind. Dabei sind keine Wunder vollbracht worden, sondern es waren nur zur rechten Zeit die rechten Mittel da, um diese Kinder wieder stark zu machen. Das pädagogische Zugseil hat gegriffen.

Das Gute daran: Dieses handwerkliche Rüstzeug steht allen Eltern zur Verfügung. Und mit Engagement und Liebe ist die Anwendung leicht.

Wir nennen Ihnen die sieben wichtigsten Strategien, die, dauerhaft im Alltag angewendet, das Zusammenleben erleichtern und Kinder zu Persönlichkeiten heranwachsen lassen. Wir zeigen auf, wie Herausforderungen erfolgreich bewältigt werden können und welche Möglichkeiten Sie haben, das Wohlbefinden und Selbstvertrauen Ihres Kindes zu steigern.

Vieles von dem, was wir Ihnen vermitteln möchten, machen Sie schon intuitiv richtig, einiges ist vom Alltagsstress überlagert, einiges bestimmt auch neu.

Aber wenn Sie die folgenden sieben Strategien fest verinnerlichen, beherrschen Sie alles, was Sie und Ihr Kind oder Ihre Kinder brauchen, um die Schule und den Start ins Leben perfekt zu meistern.

1. Geborgenheit pflegen – Lebensallianz mit dem Kind

Ich habe dich nur ein Stück begleitet,
jetzt wird der Ernst des Lebens ernst.
Und du bist doch nie ganz vorbereitet
auf die Lektion, die du grad lernst.
Da ist die Welt, und du kannst wählen!
Vergiss den Rest und merk dir bloß:
Du kannst allezeit auf mich zählen
und das gilt ganz bedingungslos!

Reinhard Mey, „Zwischen allen Stühlen"

In diesem Lied trifft Reinhard Mey ein Lebensgefühl, nach dem sich jeder sehnt: Geborgenheit! Diese gefühlte Mischung aus Sicherheit und Schutz, Vertrauen und Offenheit, verlässlicher Nähe und Wärme, diese positive Lebensallianz, die Kindern dauerhaft Kraft und Stärke gibt. Sie ist die emotionale Grundlage, die Kinder später als Erwachsene stabil und lebenstauglich sein lässt.

Diese Lebensallianz, das unzertrennbare Band, das Kinder und Eltern dauerhaft umschlingt, hängt nicht von der Leistung ab, die ein Kind in der Schule und im Sportverein erbringt, sie ist nicht an die Berufs- und Partnerwahl geknüpft, nicht an Wohlverhalten und Anpassung. Eine Lebensallianz mit dem Kind heißt: „Mein Kind, du darfst so sein, wie du bist, und ich halte es

„Du darfst so sein, wie du bist, und du darfst Fehler machen."

auch aus, dass du Fehler machst. Wir werden gemeinsam einen Weg aus der Sackgasse finden, ohne dass uns die Angst handlungsunfähig macht."

Wer seine Eltern so sicher hinter sich weiß, dieses tiefe Urvertrauen spürt, ist leistungsstärker, positiver, weniger manipulierbar. Denn sieht man die pädagogische Literatur an, ist klar: Nichts stärkt das Wohlbefinden so sehr wie die Gewissheit: Ich bin nicht allein. Meine Eltern sind bei mir, egal was passiert.

Psychologen wissen: Der Verstand gedeiht am besten, wenn er in einer gefestigten, emotionalen Grundlage wurzelt. Wer sich aufgehoben und geschützt fühlt, ist wagemutiger und interessierter.

Umgekehrt tun sich Kinder mit Leistung schwer, wenn sie sich unsicher fühlen und Angst haben – Angst, die Eltern durch Krankheit oder Scheidung zu verlieren, Angst, dass die Eltern sie im Stich lassen könnten. Denn Ängste wirken lähmend.

Geborgenheit geben wollen alle liebenden Eltern. Aber nicht allen gelingt es auch, sie zu vermitteln. Es gibt Regeln, die man befolgen sollte, damit Kinder auch spüren, dass sie in einem Bündnis leben, das sie fit macht fürs Leben.

Zusammenhalt zeigen

Eine alltägliche Situation: Zu Hause zanken sich Geschwisterkinder untereinander ständig, aber sobald ein fremdes Kind auftaucht, passt der größere Bruder auf den kleineren auf, verteidigt ihn vehement gegen Angriffe von außen.

Geschwister tun das instinktiv. Eltern nicht immer. Bitte gewöhnen Sie sich das auch an! Halten Sie nach außen immer zu Ihrem Kind, treten Sie als Einheit auf. Über Recht und Unrecht gesprochen wird später, im sicheren Kokon der Familie.

||| **Der Praxistipp**

Ihr Kind hat einen Konflikt mit Nachbarn, Lehrern, Klassenkameraden? Hören Sie sich die Vorwürfe der Erwachsenen an, aber äußern Sie sich erst, wenn Sie allein mit Ihrem Kind darüber gesprochen haben und seine Sicht der Dinge kennen. Arbeiten Sie dann gemeinsam an einer Lösung und halten Sie sich an alle miteinander getroffenen Absprachen. So fühlt sich Ihr Kind beschützt, ohne sich aus der Verantwortung ziehen zu können.

Atmosphäre schaffen

Wärme, Geborgenheit und Sicherheit empfindet man am besten in einer entspannten Atmosphäre, in der die Familie Zeit füreinander hat. Doch die hohen Anforderungen in Beruf und Ausbildung und der allgegenwärtige Stress im Alltag führen immer mehr dazu, das wir aus dem inneren Gleichgewicht geraten, ständig unter Strom stehen und sogar die Menschen, die uns am nächsten stehen, regelrecht aus den Augen verlieren. Versuchen Sie trotzdem, Ihr Zuhause zu einem Hort der Geborgenheit zu machen und sich Zeit für die Belange Ihres Kindes zu nehmen.

||| **Der Praxistipp**

Reservieren Sie regelmäßig einen Freiraum für sich und die Familie; machen sie den Sonntag zum Sonnentag, der mit einem ausgiebigen Frühstück beginnt. Essen Sie so oft wie möglich gemeinsam. Führen Sie Rituale ein, die beibehalten werden: die tägliche Kuschelstunde, das wöchentliche Abendessen bei Kerzenschein, der gemütliche Fernsehabend unter einer gemeinsamen Wolldecke.

Das Wirgefühl beginnt zu zweit

Viele Partnerschaften zerbrechen, die Anzahl Alleinerziehender nimmt zu, es gibt immer mehr sogenannte Patchworkfamilien. Doch gerade wer nicht in großen Familienverbänden lebt, muss verstärkt ein Zusammengehörigkeitsgefühl vermitteln.

||| **Der Praxistipp**

Entwickeln Sie für Ihre kleine Familie einen Leitspruch, der Zusammenhalt signalisiert, Orientierung und Verlässlichkeit gibt. Etwa „Für uns, die Meyers, gilt: ..." oder „Mama und Hanna gehören ganz fest zusammen."

Andersartigkeit akzeptieren

Kinder und Jugendliche wachsen heute in einer Welt auf, die besonders in den Städten durch Medienkonsum und Freizügigkeit geprägt ist. Wenn sie zu selbstständigen Persönlichkeiten heranwachsen, entwickeln sie häufig Ansichten und Gewohnheiten, die denjenigen der Eltern so gar nicht entsprechen. Andersartigkeit muss aber auch seinen Platz haben. Wollen Sie etwa Ihr Kind verstoßen, nur weil es sich anders kleidet, als Sie es möchten?

||| **Der Praxistipp**

Geben Sie Ihrem Kind Raum zur freien Entfaltung seiner Persönlichkeit. Ihr Kind ist einzigartig! Schenken Sie ihm auch in seiner Einzigartigkeit Liebe, Begleitung und Vertrauen. Nur so sind Sie Vorbild und stärken das Selbstbewusstsein.

Das heißt nicht, dass Sie Ihrem Kind nicht Ihre eigenen Vorstellungen mitteilen dürfen: „Ich finde, deine Frisur …" Aber wie er aussehen möchte, muss der junge Mensch zum Schluss selbst entscheiden.

Unfrieden vermeiden

Kinder sind bequem und gehen Anstrengungen gern aus dem Weg. Bestimmt kennen Sie das: Sie müssen Ihr Kind ständig auffordern, seine Aufgaben, sei es für die Schule oder für die Familie, zu erledigen, und ständig gibt es Diskussionen darüber. Doch permanenter Hickhack um Schulaufgaben und Gezerre um Mithilfe im Haushalt sind anstrengend und verhindern, dass Harmonie aufkommt. Weniger Unfrieden gibt es, wenn jeder weiß, was er zu tun hat.

||| **Der Praxistipp**

Sorgen Sie für eine feste, gerechte, aber auch flexible Aufgabenverteilung: Ihr Kind fühlt sich so auch als Teil der Familie ernst genommen. Klären Sie zum Beispiel:
Wer versorgt den Wellensittich? Wer reinigt die Fahrräder? Wer trägt den Müll hinunter? Wer deckt sonntags den Tisch? Wer kauft für die Oma ein?

Zuversicht verbreiten

Wie geborgen sich ein Kind fühlt, hängt stark von der Grundstimmung und Haltung der Eltern ab. Eltern sollten, so gut es geht, Zuversicht verbreiten: „Wir schaffen das!"
Eine optimistische Grundhaltung im Elternhaus führt dazu, dass das Kind Gelassenheit und Selbstvertrauen entwickelt. In der Familie gilt, dass besondere Herausforderungen nur gemeinsam lösbar sind. Das stärkt Bindung und Zusammenhalt.

||| **Der Praxistipp**

Geben Sie Ihrem Kind immer das Gefühl, dass Sie ihm etwas zutrauen. Nehmen Sie seine Wünsche und auch Illusionen ernst. Dann kann es seine Träume später leichter verwirklichen und sich voll Zuversicht und positiver Erwartung auf MORGEN freuen.

2. Positive Verhaltensmuster verstärken – Lob statt Strafe

Der von Pädagogen verwendete Begriff der positiven Verstärkung stammt ursprünglich aus der Verhaltensbiologie. Er beschreibt, dass sich bestimmte Verhaltensmuster durch Verstärkung wiederholen. So drücken Mäuse, die nach der Berührung einer bestimmten Taste Futter bekommen, immer häufiger die „Fresstaste". Sie haben den Zusammenhang zwischen der Berührung und dem Ergebnis – in diesem Fall leckeres Futter – erkannt und wiederholen ihr Verhalten.

Für alle, die Kinder erziehen, lässt sich daraus der eingängige Merksatz ableiten: Lob statt Strafe!

Eine Woche Fernsehverbot, Hausarrest, Wegschließen des Fahrrades – lange Zeit haben Kinder durch Bestrafung gelernt, was sie dürfen und was nicht. Heute geht der Weg in die entgegengesetzte Richtung: Lob und positive Verstärkung werden immer mehr eingesetzt, um Kinder zu erziehen. Und es funktioniert!

**Bestrafung war gestern.
Heute wird gelobt!**

Dabei wird nicht infrage gestellt, dass die Eltern Grenzen setzen müssen. Grenzen sind lebenswichtig für Kinder und müssen unbedingt klar und konsequent gesetzt werden. Entscheidend ist aber, wie man diese Grenzen aufzeigt.

Viele Eltern verwechseln einen positiven Erziehungsstil immer noch mit antiautoritärer Erziehung. Doch das ist falsch. Mit positiver Verstärkung zu arbeiten heißt nicht, dass sich das Kind alles erlauben kann. Ganz im Gegenteil. Gerade wer Lob ganz bewusst als Erziehungsmittel einsetzt, muss besonders auf eine konsequente Einhaltung von Grenzen und Regeln achten. Allerdings sollten die Grenzen Sinn machen.

Das Prinzip Lob statt Strafe bedeutet, dass gute Taten wichtiger sind als Fehler. Im Vordergrund steht, was das Kind kann, und nicht, was für Fehler es gemacht hat. Es wird mehr gelobt als kritisiert. Als Faustregel gilt: Einmal schimpfen, viermal loben.

Als Faustregel gilt: Einmal schimpfen, viermal loben.

Mit Schimpfen lassen Eltern sozusagen Dampf ab. Es tut ihnen gut. Aber dem Kind hilft es in der Regel nicht, zu erkennen, was von ihm gefordert ist. Ein Lob ist klarer.

Falls Eltern das Loben schwerfällt, weil sie glauben, keinen Grund dazu zu haben, sollten sie sich nach Dingen umsehen, die eigentlich selbstverständlich sind. Das Kind stellt seine Schuhe in den Schuhschrank, es räumt den Müll aus der Schultasche, es legt seine Bücher sorgfältig auf einen Stapel. Alles Regeln, die es bereits gelernt hat und nun beachtet. Wenn das kein Grund zur Bekräftigung, zum Loben ist!

Beobachten Sie also Ihr Kind und fördern Sie jeden guten Ansatz mit einem Lob, dann wird sein Wunsch, Ihnen zu gefallen und sich richtig zu verhalten, größer und größer werden.

Und auch bei Ihnen ändert sich nach und nach die Einstellung. Das Positive rückt immer mehr ins Blickfeld. Sie sind zufrieden, stolz, erleichtert. Das schafft ein gutes

Gefühl, ein harmonisches Familienklima und eine liebevolle Atmosphäre.

Das Lob sollte dabei einfach, aber herzlich ausfallen. Es muss keine materielle Belohnung sein. Eine begeisterte Reaktion auf eine gute Note, ein anerkennendes Lächeln für ein Dankeschön, ein paar lobende Worte bei Dritten, all das zeigt dem Kind, dass Sie sein Verhalten registriert haben und es für gut halten.

Das Kind fühlt sich wahrgenommen, geachtet und geliebt und wird sich weiterhin bemühen, sich angemessen zu verhalten. Es erhält Gewissheit, das Richtige zu tun. Im Laufe der Zeit erlangt es durch die positive Verstärkung immer mehr Selbstbewusstsein: Was ich tue, ist gut und richtig! Ich bin gut! Ich bin stark!

Dabei ist die unmittelbare Anerkennung am wirksamsten. Unterstreichen und verstärken lässt sich das Lob zudem mit weiteren Maßnahmen, die

- emotional (Streicheln, Zuhören, Kuscheln),
- materiell (Geld für die Zwei im Diktat, Spielzeug, Schokolade) oder
- sozial-bindend (gemeinsamer Kinobesuch, Spieleabend, Ausflug) sein können.

Um diese Erziehungsform zu einer dauerhaften Erfolgsstory zu machen, sollten Sie aber auch sich selbst kontrollieren. Wer gut erziehen will, muss vier Punkte verinnerlicht haben: Er muss Vorbild sein, Verantwortung übertragen, konsequent sein und Zeit schenken.

Vorbild sein

Unumstritten ist, dass Sie als Eltern eine gemeinsame Linie in der Erziehung Ihres Kindes einhalten müssen, damit das Kind Sie nicht gegeneinander ausspielen kann. Sorgen Sie untereinander für eine sichtbare Übereinstimmung in den Grundsätzen Ihrer Erziehung.

Kinder lernen an und in der Gemeinschaft Familie. Bedenken Sie, dass das Verhalten, das Sie als Eltern an den Tag legen, von Ihren Kindern wahrgenommen, registriert und imitiert wird. Gutes wie schlechtes Benehmen leben Sie vor! Das, was Sie von Ihren Kindern erwarten, kann nur dann Realität werden, wenn Sie es selbst auch tun. Tugenden wie Verlässlichkeit, Fleiß, Treue oder Ehrlichkeit werden zu einem großen Teil in der Familie anerzogen. Dafür sind Sie also verantwortlich!

Sorgen Sie bewusst dafür, dass das Kind lernt, seine eigenen Gefühle und die Gefühle anderer wahrzunehmen und mit ihnen richtig umzugehen, nämlich so, wie Sie es mit ihm tun.

Verantwortung übertragen

Schenken Sie Ihrem Kind Vertrauen, indem Sie ihm Verantwortung übertragen. Ihr Kind wird gestärkt, wenn es selbstständig im Erledigen von Aufgaben wird, wenn es in der Familie oder im Unterricht in der Arbeitsgruppe mitarbeitet und Verantwortung übernehmen kann. Diese Verantwortung kann Gestaltung und Pflege des eigenen Arbeitsplatzes bedeuten, es kann die Verantwortung für ein Haustier sein, das Einkaufen für die Großmutter, die Zubereitung des gemeinsamen Frühstücks am Sonntag. Möglichkeiten gibt es genug.

Erkennen Sie auch schon die Bereitschaft an, Verantwortung zu übernehmen, und kritisieren sie behutsam, wenn es danebengegangen ist: „Beim nächsten Mal klappt das bestimmt!"

Gute Lehrer treffen Vereinbarungen und führen in ihren Klassen Belohnungssysteme ein, um damit ein positives Sozial- und Arbeitsverhalten zu fördern. Auch die Übernahme von häuslicher Verantwortung, die miteinander einvernehmlich vereinbart ist, regelt das Zusammenleben in der Familie und macht Kinder stark. Überdies wird das Bewusstsein geschärft, dass das eigene Handeln Konsequenzen hat.

Konsequent sein

Kinder sind darauf angewiesen, dass ihre Eltern klar Position beziehen und konsequent und für die Kinder nachvollziehbar handeln.

Reagieren Sie sofort und mit Bestimmtheit. Eiern Sie nicht! Verdeutlichen Sie Ihrem Kind – möglichst emotionslos – die Konsequenzen seines Verhaltens. Realisieren Sie tatsächlich das, was Sie ankündigen. Vermeiden Sie überflüssige Diskussionen. Wenn Sie klare Regeln miteinander vereinbart haben, bedarf es nicht jedes Mal neuer Erklärungen. Zum Beispiel beim Erledigen der Hausaufgaben, Händewaschen oder Zähneputzen.

Formulieren Sie klare Ansagen und auch Erwartungen.

- Falsch: „Wenn du morgen ganz lieb bist, dann …"
- Richtig: „Wenn du morgen den Rasen gemäht hast, können wir …"

Verpacken Sie Ihre Erwartungen nicht in Frageform.

- Falsch: „Meinst du nicht, du könntest mal …"
- Richtig: „Wenn du nachher zum Sport gehst, nimm bitte den Brief mit."

Besonders wichtig ist es für Eltern, bei negativen Ereignissen ruhig zu bleiben, freundlich, aber bestimmt. Achten Sie darauf, dass der gegenseitige Respekt nicht verloren geht. Vermeiden Sie Ironie oder gar Ignoranz.

Zeit schenken

Es ist ein Zeichen der Wertschätzung, wenn man Zeit für den anderen hat. Kinder verdienen es in besonderem Maße, dass man ihnen zuhört und ihre Sorgen ernst nimmt. Das geht nur, wenn Sie Zeit für sie haben. Doch da ist die Arbeit, der Haushalt, die Freunde, die Hobbys. Eltern sollten sich regelmäßig hinsetzen und ihren Terminkalender überprüfen. Muss man wirklich überall hingehen? Streichen Sie radikal Termine weg und nehmen Sie sich so viel Zeit wie möglich für Ihr Kind. Gemeinsame Aktivitäten verstärken den familiären Zusammenhalt und geben Sicherheit und Ihnen die Möglichkeit, erzieherisch Verantwortung zu übernehmen.

||| **Der Praxistipp**

Trotz Absprache zu spät gekommen, die Hausaufgaben vergessen, trotz Zusage das Zimmer nicht aufgeräumt: Das alles ist ärgerlich und sollte sich nicht zu häufig wiederholen. Aber Kinder sollten nach einer Grenzüberschreitung neu anfangen dürfen. Also: Die Sache klären, öfter einen Schlussstrich ziehen, dem Kind vergeben und wirklich nicht mehr darüber sprechen.

3. Ich-Botschaften und aktives Zuhören einüben

Kleine Kinder kennen zunächst nur ihre eigenen Bedürfnisse und versuchen, diese auch zu befriedigen. Sie wissen noch nichts von den Wünschen und Gefühlen ihrer Eltern, Großeltern, Geschwister oder Mitschüler. Viele Konflikte entstehen deshalb aus Unwissenheit der Kinder oder aus Missverständnissen. Hier gilt es Klarheit zu schaffen.

Wenn Eltern ein Problem mit ihrem Kind haben, sollten sie zu Ich-Botschaften greifen. Durch Ich-Botschaften teilen sie dem Kind mit, welche Wirkung sein Verhalten bei ihnen auslöst, ohne dass sie es selbst bewerten. Sie verletzen und strafen das Kind nicht, sondern fördern sein Einfühlungsvermögen und seine Mithilfe. Somit kann das Kind seine eigene Verhaltensweise beurteilen und entsprechende Konsequenzen für sein zukünftiges Verhalten ziehen.

Ich-Botschaften sollten häufig im Alltag eingesetzt werden, und nebenbei bemerkt nicht nur Kindern gegenüber. Sie helfen gleichermaßen bei der Kommunikation wie der Konfliktlösung. Doch wie man sie richtig anwendet, muss man üben.

Beispiele für Ich-Botschaften

Das Kind hat das Bad unordentlich hinterlassen. Als die Mutter das sieht, geht sie direkt ins Kinderzimmer und sagt: „Musst du eigentlich immer alles liegen lassen? Es ist absolut rücksichtslos, dass du das Bad so verlässt. Du räumst das jetzt sofort auf!" Hierbei handelt es sich um eine Du-Botschaft. Die Mutter maßregelt das Kind. Die Stimmung ist vergiftet. Ein konstruktives, freundliches Gespräch ist danach kaum mehr zu erwarten.

Die Mutter könnte aber auch in Form einer Ich-Botschaft reagieren:

„Ich ärgere mich, dass ich in so ein unordentliches Bad gehen muss! Ich finde kein frisches Handtuch mehr und bin jetzt richtig sauer." In dieser Ich-Botschaft weist die Mutter das Kind auf sein von ihr nicht akzeptiertes Verhalten hin und nennt die Folgen, äußert sich aber nicht, wie bei der Du-Botschaft, über seine vermeintlichen schlechten Charaktereigenschaften. Dem Kind bleibt so die Möglichkeit der Erklärung. Das Miteinander ist partnerschaftlich, die Atmosphäre vertraut und offen.

Auch im Falle einer vermeintlichen Lüge erhalten Sie mit einer Ich-Botschaft die Gesprächsbereitschaft des Kindes.

„Du lügst doch sowieso", schlägt die Tür zu.

Viel besser ist: „Ich habe das Gefühl, dass du nicht die Wahrheit sagst. Mir fällt es schwer, dir zu vertrauen."

Eine Ich-Botschaft macht es möglich, dass Kritik akzeptiert werden kann.

„Du benutzt immer mein Fahrrad und machst es dreckig", ist wie ein Schlag ins Gesicht.

Besser ist: „Es ärgert mich, wenn du ohne zu fragen mein Fahrrad benutzt. Ich möchte, dass du vorher fragst und mir das Rad gepflegt zurückgibst."

Die Vorteile von Ich-Botschaften

■ Mit Ich-Botschaften wirken Gespräche glaubwürdiger und vertrauensvoller, weil das Kind die Eltern als Menschen mit eigenen Gefühlen wahrnimmt. Kinder fühlen sich dadurch ernst genommen, dass die Eltern sie an ihren Gefühlen teilnehmen lassen. Die Kinder erfahren, dass Mutter und Vater eben auch nur Menschen sind, mit Bedürfnissen, Wünschen und mit Grenzen der Belastbarkeit.

■ Die Ich-Botschaften wirken bei Kindern wie ein Appell – eine Bitte um Hilfe. „Ich habe ein Problem mit deinem Verhalten und brauche deine Hilfe!"

■ Mit Ich-Botschaften geben Eltern auch ein Rollenvorbild. Sie zeigen ihren Kindern damit, dass es berechtigt ist, anderen zu sagen, dass man etwas von ihnen will oder braucht. Und sie zeigen den Kindern eine Methode, wie sie Gefühle mitteilen können, ohne anderen Vorwürfe zu machen, ihnen zu drohen oder gar sie herabzusetzen. Ältere Kinder imitieren das und wenden diese Methoden dann auch selbst bei ihren Mitschülern und Freunden an.

- Bei Ich-Botschaften bleibt die Verantwortung für das Handeln beim Kind. Somit fördern sie Selbstverantwortung und Selbstdisziplin. Da Kinder die Folgen ihres Verhaltens erkennen, entwickeln sie ein Gewissen und eine innere Kontrolle.

- Ich-Botschaften helfen, Konflikte im Vorfeld zu vermeiden. Ist zum Beispiel ein Ausflug geplant, können Eltern ihren Kindern ihre Wünsche und Bedürfnisse rechtzeitig sagen. Die Kinder können sich darauf einstellen, was sich die Eltern wünschen, und im Gegenzug auch ihre eigenen Wünsche äußern. Sie spüren, dass sie von ihren Eltern ernst genommen werden, als gleichberechtigte Familienmitglieder.

- Mit Ich-Botschaften zeigen Eltern ihr Vertrauen in die Fähigkeiten ihres Kindes, selbst eine Lösung zu finden, und glauben an seine guten Absichten, den Eltern bei ihrem Problem zu helfen.

||| **Der Praxistipp**

Wichtig: Ich-Botschaften enthalten keine Ratschläge, Lösungsvorschläge oder Anordnungen, keine Kritik, Verurteilungen oder Beschuldigungen.

Selbstverständlich kommt es auch bei Ich-Botschaften immer wieder mal vor, dass die Kinder auf stur schalten und sich überhaupt nicht hilfsbereit und kooperativ zeigen. Es bringt aber nichts, jetzt wieder in alte Erziehungsmuster zu verfallen und das berühmte Machtwort zu sprechen. Mit Sätzen wie „Du gehst jetzt in dein Zimmer und erledigst deine Hausaufgaben" oder „Du bist ein freches Kind und diese Woche gibt es für dich keinen PC mehr" führt man den Konflikt in eine falsche Richtung.

Oft reicht jetzt schon einfühlsames „aktives" Zuhören aus, um den Widerstand des Kindes aufzulösen. Denn damit signalisieren die Eltern ihrem Kind ihr Interesse an seinen Gefühlen. Sie versuchen nicht mit aller Macht ihre eigenen Bedürfnisse zu befriedigen, sondern wollen wissen, was in dem Kind vorgeht.

Beispiele für aktives Zuhören

Das Kind kommt aus der Schule und poltert los:
„Ich gehe nicht mehr zur Schule. Der Lehrer ist total blöd!"
Die Reaktion könnte jetzt sein:
„Du weist doch, dass das Unsinn ist. Alle Kinder gehen in die Schule. Du auch!" oder „Das Leben besteht nun mal nicht nur aus Fußball und Freunde treffen. Schule gehört dazu!"
Weitaus hilfreicher wäre es, in so einer Situation aktives Zuhören anzuwenden:
„Du scheinst richtig frustriert zu sein, was ist denn passiert?"
Wenn Eltern aktiv zuhören, erleben sie, dass sich Ihr Kind weiter öffnet.

Die Vorteile von aktivem Zuhören

■ Aktives Zuhören hilft Eltern und Kind, das eigentliche Problem zu erkennen und zu benennen. Eltern erfahren die wahren Gründe für das Verhalten des Kindes.

■ Aktives Zuhören bedeutet, die Botschaft des Kindes zu entschlüsseln. Eltern können sich damit in die Lage des Kindes versetzen bzw. sich in das Kind hineinfühlen.

■ Aktives Zuhören fördert das „Freireden" des Kindes. Es findet eine Gelegenheit, seine Gefühle und Gedanken mitzuteilen, kann Mitgefühl und Verständnis der Eltern für seine Lage erwarten.

■ Aktives Zuhören regt das Kind an, sein Verhalten von sich aus zu korrigieren und seine Probleme selbst zu lösen

||| **Der Praxistipp**

Beim aktiven Zuhören gibt es kein Urteil, keinen Rat, keine Meinung. Man fragt einfach nur nach, wiederholt das Gesagte: „Habe ich richtig verstanden, dass ..." oder „Du hast gesagt, es sei ..."

So hören Sie aktiv zu

1. Nehmen Sie sich Zeit.
2. Zeigen Sie, dass Sie aufmerksam, konzentriert und geduldig sind.

3. Suchen Sie den Augenkontakt, bei kleinen Kindern auch die Augenhöhe (setzen Sie sich also aufs Sofa oder den Teppich).
4. Versetzen Sie sich in die Lage des Kindes. Ein Perspektivwechsel erleichtert das Verständnis.
5. Gleichen Sie das Gesagte und Gehörte ab: „Habe ich dich richtig verstanden, dass … ?"

4. Zielvereinbarungen treffen

Jedes Kind hat Ziele: Es möchte gute Noten in der Schule bekommen, toll Fußball spielen können oder in der Theatergruppe die Hauptrolle ergattern. Solche persönlichen Ziele geben Struktur, Kinder werden damit ehrgeizig und planerisch, eben „zielgerichtet".

Aber Ziele sind nicht statisch. Sie verändern sich. Was man sich heute vornimmt, kann morgen bereits durch ein anderes Vorhaben verdrängt werden. Schnell verliert man aus den Augen, was man eigentlich erreichen wollte. Was bleibt, sind diffuse Gedankenspiele wie „Ich sollte mal …" oder „Irgendwann werde ich …"

Verträge verhindern das! Denn ein Vertrag fixiert schwarz auf weiß, was man sich vorgenommen hat. Er gibt klar vor, was man wann und wo erledigen möchte.

Die Unterschrift darunter ist eine Verpflichtung. Man besiegelt sein Ja zur Abmachung.

Vergleichbar den Zielvereinbarungen, die zum Beispiel für Führungskräfte in Unternehmen getroffen werden, können Eltern solche Verträge auch mit ihren Kindern und Jugendlichen abschließen.

Derart konkret formulierte Vereinbarungen motivieren, fördern die Selbstverantwortung und erleichtern das Lernen. Erfahrungen haben gezeigt, dass sie zu über 80 Prozent erfolgreich sind.

So formulieren Sie eine Zielvereinbarung

Eltern, die Verträge mit ihren Kindern anstreben, müssen beim Formulieren der Ziele ein paar Punkte beachten. Hilfreich sind hier die sogenannten SMART-Regeln, wie sie auch in Firmen und Schulen verwendet werden. Die Abkürzung steht für:

- **S**pezifisch: Die Eltern müssen vorher genau wissen, was sie erreichen wollen.
- **M**essbar: Die Eltern müssen wöchentlich prüfen können, ob das Kind die Leistungen erbracht hat.
- **A**ttraktiv: Die formulierten Ziele müssen mit mittlerer Anstrengung erreichbar sein. Es nützt nichts, wenn sich die Kinder überfordert fühlen und Angst bekommen.
- **R**ealisierbar: Das Kind muss Freude daran haben, mitzumachen, und schon bei der Unterschrift einschätzen können: Ich packe das!
- **T**erminiert: Die Zeitspanne muss überschaubar sein. Das Schuljahrsende ist weit weg – deshalb alle zwei Wochen bei Erfolg kleine Belohnungen in Aussicht stellen.

Wenn Sie wissen, was Sie erreichen wollen, müssen Sie auch Ihr Kind überzeugen. Denn Verträge müssen in beiderseitigem Einvernehmen geschlossen werden. Niemand darf sich überrumpelt oder gar ungerecht behandelt fühlen. Aber Sie dürfen Verhandlungsgeschick beweisen. Es geht ja um den Erfolg Ihres Kindes.

Schaffen Sie zunächst eine entspannte Atmosphäre und nehmen Sie sich mindestens eine Stunde Zeit für die „Vertragsverhandlung".

1. Schildern Sie die Vorteile und die Aussicht auf den Erfolg, den Sie mit den Zielvereinbarungen verbinden.
2. Lassen Sie das Kind Einwände äußern und gehen Sie darauf ein.
3. Geben Sie Ihrem Kind das Gefühl, ein gleichberechtigter Vertragspartner zu sein.
4. Formulieren Sie die Zielvereinbarungen gemeinsam.
5. Legen Sie Termine fest, an denen überprüft wird, ob die beabsichtigten Veränderungen eingetreten sind.
6. Machen Sie den Vertrag „öffentlich" – das heißt, auch die Geschwister und Großeltern wissen davon – und hängen Sie ihn im Zimmer des Kindes auf.
7. Bereits bei kleinen Fortschritten gibt es zwischendurch Belohnungen. Was das ist, sollten Sie mit Ihrem Kind abstimmen. Sie können sich auf eine Überraschung einigen oder etwas Konkretes versprechen, das das Kind sich wünscht.

Wichtig! Die Belohnungen sollen sich auf den Erfolg, nicht auf den Gehorsam beziehen.

||| **Der Praxistipp**

Begleiten Sie Ihr Kind auch nach der Zielvereinbarung! Ermutigen Sie Ihr Kind! Bekräftigen Sie auch kleine Fortschritte! Verstärken Sie positives Verhalten!

Gemeinsame, realistische Zielvereinbarungen motivieren und sorgen für mehr Selbstdisziplin. Sie geben dem Heranwachsenden Sicherheit und Stärke im Handeln, wenn er schafft, was er sich vorgenommen hat.

Ein Beispiel für einen Vertrag

(Martin, 6. Klasse Realschule)

Dieses Ziel möchte ich erreichen:

✔ Ich will im nächsten Zeugnis in keinem Fach eine 5 haben.

Das will ich selbst tun:

✔ Ich mache immer meine Hausaufgaben an dem Tag, an dem ich sie aufbekommen habe.
✔ Ich schreibe die Hausaufgaben nach jeder Stunde sofort in mein Aufgabenheft.
✔ Ich packe meine Schultasche abends.
✔ Ich werde pünktlich 20 Minuten vor Unterrichtsbeginn von zu Hause losgehen.
✔ Ich will mich im Unterricht pro Stunde mindestens dreimal melden.

Das muss ich dafür verändern:

✔ Ich gehe erst zum Spielen, wenn ich die Hausaufgaben erledigt habe.

✔ Ich räume mein Zimmer einmal in der Woche gründlich auf.

✔ Ich räume meinen Schreibtisch jeden Abend vor dem Zubettgehen auf.

✔ Der Vertrag wird über meinem Bett eingerahmt aufgehängt.

Diese Unterstützung brauche ich:

✔ Meine Mutter hilft mir, wenn ich meine Aufgabe nicht allein schaffe.

✔ Ich darf am Wochenende länger aufbleiben.

✔ Zweimal im Monat darf ich freitags bei einem guten Freund übernachten.

Das hat mir meine Mutter versprochen, wenn ich es schaffe:

✔ Ich darf mir ein Skateboard aussuchen.

✔ Wir fahren mit zwei Freunden nach Hamburg zu einem HSV-Spiel.

Datum: _____ Unterschrift: _____

5. Selbstständigkeit fördern

„Hilf mir, es selbst zu tun!" Dieses Zitat der großen Päda-
gogin Maria Montessori gilt für viele Bereiche des Lernens
und der Erziehung. Eltern möchten gern, dass ihr Kind
zunehmend selbstständig handelt. Aber Kinder müssen
auch Gelegenheit bekommen, das zu trainieren. Sie brauchen ausreichend Freiraum, um sich auf neuem Terrain
ausprobieren zu können, aber auch die Gewissheit, dass sie
jederzeit Rückhalt haben, wenn sie sich überfordert fühlen.
Wenn Sie Ihrem Kind etwas zutrauen, machen Sie es stärker!
Aber Kinder sind unterschiedlich. Es gibt keine klaren
Regeln, wann man etwas tun sollte. Eine einfache Faustregel heißt daher: Was das Kind selbst machen möchte, soll
es tun!

Zwei Beispiele

Stellen Sie sich folgende Situation vor: Ihr Neunjähriger
möchte allein sein Fahrrad reparieren. Lassen Sie unend-
lich viele Versuche zu, anstatt es ihm sofort abzunehmen. –
Ein selbstbewusstes „Das kann ich schon allein" macht die
Eltern stolz und das Kind stärker.
Der Hamster Ihrer zehnjährigen Tochter ist krank. Das
Mädchen möchte unbedingt allein und sofort zum Tier-
arzt. Lassen Sie sie gehen. – Es ist doch für jeden ein wun-
derbares Gefühl, etwas geschafft zu haben!
Wie Sie die Selbstständigkeit Ihres Kindes am effektivsten
puschen, erfahren Sie hier.

Regeln schaffen Sicherheit

Allein mit dem Fahrrad zum Tennis fahren? Allein mit der Freundin am Abend Pizza backen? Alle Eltern quält in so einer Situation die Frage: Können wir das zulassen? Kann unser Kind das schon schaffen?

Hier gilt: Schildern Sie ganz klar die Rahmenbedingungen, unter denen sich das Kind ausprobieren kann. Sagen Sie zum Beispiel:

„Ja, du kannst mit dem Rad zum Tennis fahren. Aber du fährst nicht über die dunkle Wallanlage, sondern nur durch den belebten Park. Du hast dein Handy immer angeschaltet und bist pünktlich um 18 Uhr zurück!" Oder:

„Ja, ihr könnt die Pizza machen, aber denkt daran, den Herd auszuschalten. Ich werde unsere Nachbarin bitten, um 21 Uhr vorbeizukommen und zu kontrollieren."

Kinder werden nicht über Nacht selbstständig, sondern müssen sich Schritt für Schritt in die Welt der Erwachsenen vortasten. Was vor ihnen liegt, kann sie auch überfordern. Deshalb setzen Sie Grenzen, die Sie nach und nach immer weiter ziehen. So haben Kinder anfangs einen überschaubaren Freiraum und fühlen sich noch sicher.

So viel wie möglich selbstständig erledigen lassen

Schubsen Sie Ihr Kind nicht in die Selbstständigkeit, sondern warten Sie ab, bis es von selbst etwas möchte. Kinder sind soziale Wesen. In der Schule oder im Sportverein sind sie mit Gleichaltrigen zusammen und sehen sich viel ab. Wenn die anderen Jungs allein ins Freibad gehen, kommt

Ihr Sohn ganz schnell mit dem Vorschlag, das auch zu tun. Schließlich möchte er nicht hinter den anderen zurückstehen. Lassen Sie zu, was sich die Kinder von sich aus zutrauen. Aber lassen Sie sich erzählen, was Ihr Kind dort vorhat, wer mitkommt und ob geklärt ist, wie es zurückkommt.

Wichtig! Sie müssen informiert sein und immer wissen, wo Ihr Kind sich gerade aufhält.

Bestätigen Sie Ihr Kind!

Alles, was man zum ersten Mal in seinem Leben macht, ist aufregend. Wenn ein Kind allein im Supermarkt einkauft oder zum ersten Mal eine ganze Woche in einem Ferienlager war, ist es stolz, dass es diese Hürde auf dem Weg in die Selbstständigkeit geschafft hat.

Verstärken Sie dieses Gefühl, indem Sie Ihr Kind loben. Sprechen Sie ausführlich durch, was es alles geschafft hat, und arbeiten Sie heraus, wo es sich besonders vorbildlich verhalten und gut reagiert hat. Sie ermuntern damit Ihr Kind, das nächste Mal wieder etwas zu wagen, und unterstützen es auf dem Weg in die Selbstständigkeit.

Stärken bei Misserfolg

Das Handy wurde geklaut. Der Bademeister war ruppig. Auf dem Nachhauseweg rauschte der erste Bus vorbei, ohne anzuhalten. Das Kind kommt völlig aufgelöst nach Hause. So hat es sich den ersten Alleingang in ein Sportzentrum nicht vorgestellt.

Vermeiden Sie Sätze wie „Siehst du, das habe ich doch gleich gewusst …" Stattdessen analysieren Sie die Situation und machen Ihrem Sohn oder Ihrer Tochter Mut, dass es beim zweiten Anlauf besser klappt:

„Überleg mal, was du tun kannst, damit dein neues Handy künftig nicht gestohlen werden kann. Und bleib auf dem Heimweg mit einem Freund zusammen, der denselben Bus nimmt. Dann kann nichts mehr passieren und du kommst sicher nach Hause."

Was kann oder darf ein Kind ab welchem Alter tun?

Die Schultasche packen	8 Jahre
Bei Freunden übernachten (wenn man die Eltern kennt)	8 Jahre
Mit Freunden ins Kino gehen	8 Jahre
Bis 18 Uhr ausbleiben	8 Jahre
Bis 20 Uhr ausbleiben (im Sommer)	10 Jahre
Bis 22 Uhr ausbleiben	14 Jahre
Rasenmähen	10 Jahre
Babysitten	12 Jahre

6. Konflikte strategisch lösen

Das Zusammenleben in Familien ist nicht immer harmonisch. Unterschiedliche Meinungen und Haltungen führen häufig zu Streitereien. Konfliktstoff gibt es reichlich. Besonders oft kracht es in der Pubertät, wenn sich die Kinder von den Eltern zu lösen beginnen.

Einfache Verbote reichen plötzlich nicht mehr aus. Absprachen werden infrage gestellt. Kinder testen mit wachsender Freude ihre Grenzen aus und meinen, sie wüssten alles besser als die „Alten".

Sätze wie „Jeder aus der Klasse darf das", „Ihr behandelt mich wie ein Kleinkind" und „Warum erlaubt ihr mir gar nichts?" fallen jetzt ständig.

Diese Streitereien kosten viel Energie, auf beiden Seiten, und können dauerhaft das häusliche Klima vergiften. Es gilt also, Konflikte rasch zu lösen, um „Schaden" am Familienleben zu vermeiden. Je schneller wieder Frieden herrscht, desto mehr Energien sind auch wieder bei den Kindern frei, für sinnvolle Dinge wie Schule und Sport.

Sie helfen Ihrem Kind also auch, erfolgreich und leistungsstark zu sein, wenn Sie ihm die Last langwieriger schwelender Konflikte nehmen und bei Streitereien strategisch und klug vorgehen.

Wenn Sie sich an die folgenden Tipps halten, kann eigentlich nichts schiefgehen.

Nach den Ursachen fragen

Konflikte entstehen nicht selten durch Missverständnisse oder Kommunikationsfehler. Häufig führt Sprachlosigkeit zu einer Eskalation der Streitigkeiten. Warten Sie einen ruhigen Moment ab und fragen Sie beharrlich nach den Ursachen des Konflikts. Formulieren Sie konkrete Fragen: „Warum reagierst du jetzt so?" „Was genau hat dich verletzt?" „Was würde dir in dieser Situation am meisten helfen?"

Deeskalieren

Sie ärgern sich darüber, dass Ihr Sohn gelogen hat.

„Ich war gar nicht dabei", behauptet Ihr Filius steif und fest und sieht Sie trotzig an. Doch Sie wissen es besser, denn Sie haben selbst gesehen, dass er mit seinen Freunden die Blumen im Nachbargarten zertreten hat.

Schaffen Sie es, die Situation zu entspannen!

Kündigen Sie einen Themenwechsel an und sagen Sie Ihrem Sohn, was Sie an ihm schätzen: dass er im Handball ein Ass ist, dass er sich rührend um seine kleine Schwester kümmert, dass er Fremden gegenüber stets höflich ist.

Sie löschen so erst einmal das „lodernde Feuer" des Konflikts und lenken Ihren Sohn ab. Er fühlt sich nicht mehr als Angeklagter, der mit dem Rücken zur Wand steht, sondern geliebt und anerkannt. Er rückt hoch auf Augenhöhe, kann jetzt gelassener seine Sicht der Dinge schildern. So schaffen Sie es, Vertrauen aufzubauen und zugleich Einfluss zu nehmen. Wenn Sie ihn später ganz ruhig ermahnen, wird er das mit Sicherheit annehmen.

Die Perspektive wechseln

Der Schlüssel für ein friedliches, harmonisches Miteinander heißt Empathie – sich in den anderen hineinfühlen und versuchen, seine Situation zu verstehen.

Ein Beispiel: Ihr Sohn kommt von einem Besuch bei Freunden nicht pünktlich nach Hause und verpasst die teure Musikstunde. Sie sind sauer. Es fließen Tränen.

Wechseln Sie die Perspektive und versuchen Sie, das Motiv Ihres Sohnes herauszubekommen. Was hat ihn veranlasst, so zu reagieren? Wenn Sie das wissen, können Sie Ihrem Kind hilfreich zur Seite stehen und vermeiden, dass sich sein Fehlverhalten wiederholt.

Nicht vorverurteilen

Im Zweifel für den Angeklagten. Das sollte nicht nur vor Gericht gelten. Sofort lospoltern und das Kind mit Schuldzuweisungen zu überschütten kann großes Unrecht sein. Solange Sie nicht genau wissen, was vorgefallen ist, bleiben Sie ruhig. Wie beim Gericht kann erst ein Urteil gefällt werden, wenn alle Fakten auf dem Tisch liegen.

Wenn Zweifel bleiben, verschieben Sie das Gespräch auf den nächsten Tag. Wichtig ist: Niemals ein Kind vorverurteilen!

Respekt bewahren

Der Ton macht die Musik. Erwachsene kennen das Sprichwort. Oft ist es nicht die Aussage, die für Konfliktstoff sorgt, sondern die Art und Weise, wie sie geäußert wird.

Ihr Kind muss, auch wenn es vielleicht Defizite und Fehler hat, fair behandelt und respektvoll angesprochen werden. Verlangen Sie nichts, was Sie nicht auch selber geben. Wer sich im Ton vergreift, muss sich entschuldigen.

Verschiedene Wege zulassen

Oft gibt es verschiedene Wege, einen Konflikt zu lösen. Seien Sie offen und lassen Sie das zu.

Ein Beispiel: Ihre zwölfjährige Tochter will mit ihrer Freundin und deren Eltern in die Ferien fahren. Sie möchten Ihr Kind aber lieber in den eigenen Urlaub mitnehmen. Was tun?

Sprechen Sie die Alternativen gemeinsam in der Familie durch, zählen Sie Vor- und Nachteile auf und schätzen Sie die Folgen ein für den Fall, dass Sie dem Wunsch Ihrer Tochter nachkommen. Hilfreich ist es, wenn Sie die verschiedenen Lösungswege aufschreiben. Finden Sie gemeinsam zu einer Entscheidung, die insgesamt die meisten Vorteile bietet. Sorgen Sie dafür, dass diese Entscheidung von allen mitgetragen wird, und klären Sie auch, wie die Lösung umgesetzt wird.

Gibt es eine Win-win-Lösung? Eine Lösung, von der alle profitieren? Oder sind Kompromisse erforderlich?

Kindern fehlt oft die Vorstellungskraft. Schildern Sie Ihrer Tochter in Ruhe, wie ein Tag mit der anderen Familie ablaufen würde, und fragen Sie sie, wie sie sich Alltagssituationen vorstellt.

Außenstehende heranziehen

Es brodelt mächtig. Seit Tagen ist Ihr Kind bockig und mauert. Ein Gespräch? Unmöglich! Was nun? Es gibt Situationen, in denen sich richtige Fronten aufgebaut haben. Zu viel Ballast hat sich angesammelt. Sie finden nicht mehr zueinander.

In so einem Fall geben Sie die Lösung aus der Hand und ziehen Sie einen Außenstehenden heran.

Außenstehende haben eine andere Perspektive, sie kennen die vorausgegangenen Auseinandersetzungen nicht und handeln deshalb freier. Es bieten sich Großeltern, ältere Geschwister oder auch gute Freunde der Kinder an. Schildern Sie dem „Vermittler" Ihre Sicht der Dinge und bitten Sie ihn, diese dem Kind mitzuteilen.

||| Praxistipp

Auch Eltern untereinander tragen Konflikte aus. Sie sind dann ein gutes Vorbild für Ihr Kind, wenn Sie sich nach einem Streit wieder vertragen, sich gegenseitig wertschätzen und respektieren. Auf diese Art erhält Ihr Nachwuchs eine lehrreiche Lektion in Streitkultur.

7. Rechtzeitig den Akku aufladen

Kennen Sie das? Ihr Kind möchte ja lernen, seine Hausaufgaben machen, die Vokabeln pauken – aber die Luft ist einfach raus. Da lümmelt der Elfjährige an seinem Schreibtisch, klagt über Kopfschmerzen, kaut an den Fingernägeln und reagiert zunehmend bockig.

Der Grund ist klar: Er ist ausgepowert und kann gar keine Leistung mehr bringen. Aber Kindern fehlt die Fähigkeit, das richtig einzuordnen und zu sagen: „Ich bin müde und lege mich eine Weile hin." Kinder erleben Stress wie Erwachsene. Aber anders als Erwachsene können sie den Stress nicht deuten und nicht von sich aus die nötigen Entspannungsphasen einleiten. Während Erwachsene ihre Batterien wieder aufladen, indem sie mit dem Hund spazieren gehen, sich ein Bad einlassen oder Sport treiben, werden Kinder kribbelig und aggressiv.

Kinder können Stress noch nicht deuten und damit auch nicht abbauen.

Umfragen haben ergeben, dass schon in der Grundschule circa 10 Prozent der Schüler gestresst sind und deshalb durch Nervosität im Unterricht auffallen. In weiterführenden Schulen steigt diese Zahl gar bis auf 50 Prozent.

Man muss sich nur einmal das durchschnittliche Tagespensum eines elfjährigen Gymnasiasten anschauen: täglich sechs Stunden Unterricht, zwei Stunden Hausaufgaben, zweimal in der Woche Sport, einmal in der Woche Nachhilfe. Dazu kommen lange Fahrtzeiten zur Schule oder zu den Sportstätten, Verabredungen mit Freunden, Ansprüche der Familie, die auf gemeinsam eingenommene Mahlzeiten pochen oder Mitarbeit im Haushalt einfordern. Das alles zusammen ist für Kinder Stress pur!

Neurologen haben festgestellt, dass Menschen unter Stress nur einen Bruchteil ihres Gehirnpotenzials konstruktiv einsetzen können. Komplexere Lernvorgänge sind unter Stress somit nahezu unmöglich.

Eltern, die von ihren Kindern gute Leistungen wollen, müssen ihnen auch Stress und Anspannung ersparen. Sie müssen genau hinsehen und erkennen, wann ihr Kind überfordert ist, und beizeiten die Notbremse ziehen. Es ist

Ziehen Sie rechtzeitig die Notbremse! wichtig, rechtzeitig den Akku aufzuladen, damit die Kinder im Unterricht präsent sind und sich im Alltag

behaupten können. Im Folgenden zeigen wir Ihnen, wie relativ einfach Sie Ihr Kind dabei unterstützen können.

Ruheinseln schaffen

Hektik bestimmt den Alltag in vielen Familien. Rund um die Uhr ist etwas los. Das ist schade, denn Kinder brauchen ruhige Erholungsphasen.

Sorgen Sie auf jeden Fall dafür, dass Ihr Kind täglich eine halbe Stunde frei hat. Eine Zeit, in der es allein ist, sich ausruht – aber ohne Medienberieselung! Stille aushalten, sich ausklinken, das tut gut. Auch Kindern. Vielleicht gibt es zu Hause ja ein Kuschelsofa zum Dösen oder Lesen.

||| **Praxistipp**

Auch Langeweile ist wichtig – einfach mal nichts tun, den Tag vertrödeln, seinen Gedanken freien Lauf lassen, eine lange Weile haben. Das ist manchmal Balsam für die Seele. – Gut, wenn Eltern das vorleben können!

Gut platzierte Pausen fördern den Lernerfolg. Am besten geeignet sind Ruhezeiten nach dem Mittagessen, bevor die Kinder die Schularbeiten erledigen.

Ursachen erkennen

Finden Sie heraus, welche Faktoren bei Ihrem Kind Stress auslösen. Fragen Sie es ganz konkret, welche Situationen es als anstrengend und belastend empfindet. Die Hetze am Morgen? Oder die innere Unruhe, weil es Angst hat, den Schulbus zu verpassen? Oft reicht es schon aus, wenn das Kind morgens eine Viertelstunde früher aufsteht, um beim Frühstück Stress zu vermeiden.

Achten Sie besonders auf die Freizeitgestaltung. Bei vielen Kindern stehen schlicht und ergreifend zu viele Termine im Terminkalender. Überlegen Sie gemeinsam mit Ihrem Kind, welche Aktivitäten gestrichen werden können und ob man eventuell Termine zusammenlegen kann, um Fahrtzeiten zu sparen.

Für Bewegung sorgen

Von Bewegung profitiert das Gehirn. Innovative Schulen haben daher bewegtes Lernen zu ihrem Prinzip erkoren. Hier wechseln sich Konzentrations-, Bewegungs- und Entspannungsphasen ab. Die Leistungsfähigkeit der Schülerinnen und Schüler nimmt dadurch zu.

Sorgen Sie auch im familiären Umfeld dafür, dass Ihr Kind sportlich aktiv ist. Denn zur Bewältigung von Stresssituationen ist körperliche Fitness nötig. Bedenken Sie, dass insbesondere der Vereinssport zudem soziales Verhalten trainiert und die Kinder hier die Möglichkeit haben, persönliche Stärken zu entwickeln. Einen Sportverein gibt es im kleinsten Ort und der Mitgliedsbeitrag ist günstig.

Die Ernährung umstellen

Eine vollwertige Ernährung macht fit und wach und verbessert die Konzentration. Kinder benötigen vor allem Vollkornprodukte, Milchprodukte sowie viel frisches Obst und Gemüse. Am Wirksamsten ist es, wenn Sie den Kindern morgens reichlich Vollwertkost und Eiweiß anbieten. Das bremst den Hunger auf Fastfood, das die meisten Kinder leider nur zu gern essen. Seien Sie aber andererseits nicht zu pedantisch mit dem gesunden Essen, sonst erreichen Sie nur das Gegenteil. Kinder müssen sich auch mal gehen lassen und zur Chipstüte greifen dürfen.

Ganz wichtig ist außerdem ausreichend Flüssigkeit. Geben Sie Ihrem Sohn oder Ihrer Tochter reichlich Getränke mit in die Schule, am besten Wasser, Kräutertee oder Saftschorle, aber keine gezuckerten Limonaden. Als Faustregel gilt ein Liter pro Schultag.

Dass Drogen die Gehirntätigkeit beeinträchtigen, weiß heute jedes Schulkind. Das gilt auch für Alltagsdrogen wie Alkohol, Nikotin und Koffein. Wobei wir wieder bei der Vorbildfunktion der Eltern sind. Wer Kinder großzieht, sollte auch ihnen zuliebe selbst weitestgehend darauf verzichten.

Fördern, nicht überfordern

Schulnoten und Abschlüsse sind das Sprungbrett zur Karriere. Immer häufiger werden Kinder deshalb überfordert und können die erwartete Leistung nicht bringen. Manche Kinder reagieren darauf mit Schlafstörungen, Bauch- oder

Kopfschmerzen. Andere werden still, antriebslos und verweigern jede Leistung.

Kinder sollten mit Ansprüchen konfrontiert werden, die sie auch erfüllen können. Prüfen Sie gemeinsam mit den Lehrern, ob Ihr Kind die Schule, die es besucht, überhaupt schaffen kann. Eine Studie belegt, dass Kinder und Jugendliche, die permanent überfordert werden, eher zu Suchtverhalten neigen als andere. Für alle Eltern gilt deshalb: Realistisch sein und eigene Wunschvorstellungen überprüfen!

Dem Alltag Rhythmus geben

Jeder Mensch entwickelt mit der Zeit seinen eigenen Biorhythmus und damit feste Zeiten der Leistungsstärke und der Leistungsschwäche. Finden Sie heraus, wann Ihr Kind am besten Vokabeln lernt, wann es am leichtesten Aufgaben abschreibt oder Mathematikaufgaben löst. Ein auf das Kind zugeschnittener Lernrhythmus erleichtert und unterstützt sein Leistungsvermögen effektiv.

Auch außerhalb des schulischen Stundenplans kann und soll es feste Rituale geben, die das Zusammenleben regeln und die Stressbelastung verringern. Verabreden Sie feste Zeiten fürs Aufstehen und Zubettgehen, für die Familienpflichten und natürlich fürs Spielen.

Anhang

Internetadressen – eine kleine Auswahl

Allgemeine Erziehungsratgeber

www.familienhandbuch.de (Kostenloses Elterntelefon
    0800 1110550, Mo. und Mi. von 9 bis 11 Uhr;
    Di. und Do. von 17 bis 19 Uhr)
www.erziehungsratgeber-online.de
www.starke-eltern.de
www.elternwissen.com

Mobbing

www.mips-ev.de (Postfach 1143, 61174 Karben,
    Tel. 06039 1750)
www.mobbing-in-der-schule.info
www.mobbing.net
www.onmeda.de
www.familienhandbuch.de (Telefon siehe oben)
www.helles-koepfchen.de
www.eltern.lerntipp.at

Mediensucht

www.bundespruefstelle.de (Bundesprüfstelle für jugend-
    gefährdende Medien; Tel. 0228 9621030)
www.webaholic.info
www.internet-abc.de

www.medknowledge.de

www.jugendmedienschutz.bildung.hessen.de

Aggressivität und Gewalt

www.kindererziehung.com

www.infos-gegen-gewalt.de

www.bildungsserver.de

Auffälliges, störendes Verhalten

www.adhs-deutschland.de (ADHS Deutschland e.V.,
Postfach 410724, 12117 Berlin, Tel. 030 85605902)

www.kinder-psych.de

www.lernfoerderung.de

www.mehr-vom-tag.de

Prüfungsangst

www.kinder.de (Kastanienallee 26, 14052 Berlin,
Tel. 030 615082140)

www.familienhandbuch.de

www.familie.de

www.elternimnetz.de

Konzentrationsschwäche

www.gesundheit.de/Konzentration

www.imedo.de

www.schule-und-familie.de

www.onmeda.de

www.konzentrationlernen.de

Unsicherheit

www.familienhandbuch.de
www.schulberatung.bayern.de
www.elternwissen.de
www.medinfo.de

Fehlende Leistungsbereitschaft

www.familienhandbuch.de
www.lernen-und-foerdern.com
www.schulprobleme.info
www.eltern-lehrer-fragen.de
www.schule-und-familie.de

Zum Schluss

Die Nummer gegen Kummer

0800 – 1110333
Das Kinder- und Jugendtelefon hilft Heranwachsenden, mit ihren Sorgen und Nöten umzugehen – bundesweit, anonym und kostenlos.
Die Telefone sind bundesweit montags bis freitags von 15.00 bis 19.00 Uhr besetzt.
Für Eltern gibt es ein Elterntelefon: 0800 1110550.

Register

Angela Kling
Eckhard Spethmann

Pubertät

Der Ratgeber für Eltern

**Mit 10 goldenen Regeln durch
alle Phasen der Pubertät**

humboldt – Eltern & Kind
200 Seiten
12,5 x 18,0 cm, Broschur
ISBN 978-3-86910-613-7
€ 9,95

„Das geht dich nichts an! Lass mich in Ruhe!" Der Alltag mit einem pubertierenden Kind ist häufig nervenaufreibend. Dieser Ratgeber bietet Eltern einen roten Faden, der sie durch alle Phasen der Pubertät führt.
Zehn goldene Regeln und das Pubertäts-ABC helfen bei den täglichen Auseinandersetzungen und unterstützen bei dem, was Eltern sowieso richtig machen.

Aus dem Inhalt
- Was genau ist Pubertät?
- Die sieben Umwandlungsphasen
- Riskantes Verhalten – Die verschlüsselte Botschaft
- Erfolgreich Kontakt halten
- Damit das Zusammenleben gelingt
- Die 10 goldenen Regeln
- Das Pubertäts-ABC – oft gestellte Fragen